[法]让-雅克·卢梭 著
李家元 译

一个孤独漫步者的遐思

北京理工大学出版社
BEIJING INSTITUTE OF TECHNOLOGY PRESS

图书在版编目（CIP）数据

一个孤独漫步者的遐思 / (法) 让–雅克 · 卢梭著；李家元译. -- 北京：北京理工大学出版社, 2022.11
ISBN 978-7-5763-1525-7

Ⅰ.①一… Ⅱ.①让… ②李… Ⅲ.①卢梭(Rousseau, Jean Jacques 1712–1778)— 自传 Ⅳ.①B565.26

中国版本图书馆CIP数据核字（2022）第136579号

出版发行 / 北京理工大学出版社有限责任公司
社　　址 / 北京市海淀区中关村南大街 5 号
邮　　编 / 100081
电　　话 / (010) 68914775（总编室）
(010) 82562903（教材售后服务热线）
(010) 68944723（其他图书服务热线）
网　　址 / http: //www.bitpress.com.cn
经　　销 / 全国各地新华书店
印　　刷 / 三河市金元印装有限公司
开　　本 / 880 毫米 × 1230 毫米　1/32
印　　张 / 4.75
字　　数 / 105 千字
版　　次 / 2022 年 11 月第 1 版　2022 年 11 月第 1 次印刷
定　　价 / 32.00 元

责任编辑 / 时京京
文案编辑 / 时京京
责任校对 / 刘亚男
责任印制 / 施胜娟

序

让-雅克·卢梭（Jean-Jacques Rousseau，1712年6月28日—1778年7月2日），18世纪法国与日内瓦启蒙思想家、哲学家、教育家、文学家和音乐家，启蒙运动代表人物之一。卢梭出身于日内瓦共和国。当时的日内瓦，是一个信奉新教的城邦。卢梭的祖辈曾是书商，因印制新教的书籍，受到天主教的迫害，逃难来到日内瓦。卢梭的家庭属于日内瓦有投票权的中产阶级，父亲艾萨克·卢梭是一位钟表匠，母亲苏珊娜·贝尔纳·卢梭出身于上流社会，但她在生下卢梭后九天就因患产褥热而离世。

卢梭幼年时期生活条件相对较好，在他五六岁的时候，父亲就鼓励他大量阅读书籍。但不幸的是，卢梭的父亲在他十岁时与他人发生纠纷，之后便出走里昂，自此，卢梭就再也没有见过他的父亲。此后，卢梭与舅舅生活在一起，舅舅还送他到一名牧师家进行了两年的寄宿学习，学习数学、绘画等。后来，他又先后跟随律师和雕刻匠当学徒。十五岁时，卢梭离开了日内瓦，从此开始了他四处漂泊的生活。不久后，他第一次见到了后来对他影响巨大的华伦夫人，还曾一度放弃了他的新教信仰。他在都灵时曾在德·韦塞利夫人家当仆人，后来又为德·古封伯爵服务。就这样，他辗转于意大利、瑞士和法国各地。卢梭青年时期做过许多工作，包括当秘书、家庭教师和乐师，还曾以帮人抄写乐谱谋生。

1749年，卢梭与人合作编写了《百科全书》，还时常与狄德罗、孔狄亚克及其他年轻学者往来。1751年，他参加了第戎学院组织的论文竞赛，发表《论科学与艺术》一文。1755年，他撰写了《论人类不平等的起源和基础》一书，阐发了他的政治哲学思想，被誉为“法国大革命的灵魂”。1762年，他出版了论述自己教育思想的《爱弥儿》与提出主权在民思想的《社会契约论》。不久，《爱弥儿》一书被警察没收，在巴黎受到批评、遭到查禁，当局下令逮捕他，为逃避逮捕，他离开了法国。日内瓦也查禁了《爱弥儿》和《社会契约论》，并且也下令逮捕卢梭。就这样，卢梭又先后到过纳沙泰尔地区、圣皮埃尔岛、英格兰，最后才得以返回法国，于1770年再次定居巴黎。1778年5月，疾病缠身的卢梭接受吉拉丹侯爵的邀请，来到了巴黎东北面的阿蒙农维拉镇居住。1778年7月2日，卢梭在阿蒙农维拉镇去世。

卢梭的一生，经历丰富，著作等身，但坎坷波折也充满争议。歌德认为，“伏尔泰结束了一个旧时代，而卢梭开创了一个新时代”，康德称赞卢梭是另外一个牛顿，但尼采却说他是个骗子。他与同时代的伏尔泰等人在思想上有严重冲突，还有许多人指责他与华伦夫人及泰蕾兹·勒瓦瑟之间的关系，以及谴责他将自己的孩子都送进了育婴堂。他生前遭到许多人唾弃，死后却受人膜拜。1791年，法国国民公会投票通过决议，给作为大革命精神偶像的卢梭竖立雕像，后来又将卢梭入葬先贤祠。

本书《一个孤独漫步者的遐思》由卢梭于1776—1778年在巴黎创作，是一部兼具自传与哲学思考的作品，也是卢梭一生中最后一部作品，于他去世之后才得以发表。本书与他之前创作的《忏悔录》与《对话录》一起，被后世并称为卢梭的“晚年三部曲”。《忏悔录》是对卢梭一生的回忆，卢梭在该书中真诚地展示了自己的人生轨迹，描述了他最真实自然的人生。在《对话录》中，卢梭针对自己受到的种种不公正待遇，为自己进行全面辩护。在本书《一个孤独漫步者的遐想》中，卢梭所写的对象也是自己，但与前两本书相比又有明显的不同。本书作为一部具有哲学思想的自传体作品，由卢梭的十篇漫步遐思组成，记述了他外出漫步时的所思所感，也记录了他对现实和精神世界一些本质问题的思考。

在《漫步遐思一》中，卢梭反思自己的坎坷命运，以及论述如何让自己的内心更平静；在《漫步遐思二》中，他回顾了几次意外事件，从中得出自己应该顺从天意的结论；《漫步遐思三》聚焦学习与道德；《漫步遐思四》对各种真话与谎言进行了分析，并阐述了他在这方面的原则；在《漫步遐思五》中，卢梭回忆了自己在圣皮埃尔岛的宁静生活，分析了能够在那里感受到幸福的原因；《漫步遐思六》从卢梭回忆自己所做的一件善事开始，阐述了他对行善的思考；《漫步遐思七》论述了卢梭对植物学的爱好，探讨了其原因，分析了其带来的好处与产生的影响等；在《漫步遐思八》中，卢梭对自己在顺境与逆境中的感受进行了反思，回顾自己如何学会了在逆境中安享幸福；《漫步遐思九》描述了卢梭对儿童、对纯真快乐的喜爱，分析了快乐与道德动机之间的关系等；在《漫步遐思十》中，卢梭回忆了自己与华伦夫人的相识与两人共同生活的日子，可惜本章尚未完成，卢梭便与世长辞。

处于逆境中的读者，阅读本书后，也许能够从卢梭的身上得到一些启发，借鉴一些他在本书中的思想与做法，进而获得宁静、快乐与幸福；处于顺境中的读者，阅读本书后，也许可以反思自己的现状，更加珍惜现在的一切，也学会拒绝生命中一些浮躁和华而不实的东西。

自出版以来，《一个孤独漫步者的遐思》以及其他一些卢梭的著作就广受读者欢迎，先后被译成了多国文字，至今经过几个世纪的时间检验，仍然经久不衰。1889年，经过日译本的转译，卢梭的作品首次进入中国。在1901年11月至12月的《清议报》中，梁启超分三期发表了中国第一篇关于卢梭的论文《卢梭学案》，之后，卢梭的其他作品相继被翻译成了中文。新中国成立特别是改革开放以来，国内对卢梭的译介也愈加繁荣起来，许多译者翻译了不同版本的《一个孤独漫步者的遐思》，为国内读者进一步熟悉卢梭创造了良好的条件。但是，也出现了一些粗制滥造的译本，随意删节或扭曲原文，胡编乱造。

同时，人们的语言也是随着时代发展而逐渐变化的。随着人类的脚步迈进了2022年，人类早已习惯了信息时代的生活，网络也在人们的生活中得到普及应用，人们的语言也随之在悄无声息中发生了变化。一些历史词汇退出了人们的常用语，而另一些新的表达却常常被我们挂在嘴边。正是在这样的大背景下，笔者用更符合这个时代的语言，精心地重译了这本《一个孤独漫步者的遐思》，并呈现给诸位读者朋友。

译者在此次翻译过程中，在忠实于原文的前提下，对许多句子进行了灵活的处理，缩短长句、调整句序，从而使本书的译文更加符合地道的汉语表达习惯，读起来能够更加轻松顺畅。在翻译过程中，译者还充分考虑到了读者可能对法国、古罗马、古希腊等文化不够熟悉，在译文中为一些人物和地名进行简单的补充描述，以方便读者畅快地阅读。在翻译人名和地名时，选取最为广泛接受的译法，方便读者在进一步拓展时使用统一的译名进行查询。对于原文表达模糊、有歧义的一些句子，进行了大量的检索和查证，保证了内容的准确性。

当然，卢梭在本书提出的各种思想和看法，也囿于他所生活的那个时代观念的限制。他的某些观点，并不一定符合我们这个时代许多人的看法，需要读者朋友在阅读时辩证地看待。此外，因时间仓促，加之译者水平有限，书中不妥之处在所难免，还望读者朋友不吝批评指正。

李家元

目录

漫步遐思一

如今我在这世间已是孑然一身，无兄弟，无邻里，无友人，亦无伙伴，一个人独来独往。纵然我曾经颇有人缘，也曾对这世界满怀爱意，但如今却惨遭世人抛弃。那些人费尽心机，怀着对我的憎恨，琢磨出各种法子，让我敏感的心灵备受煎熬，他们还残暴地下手，切断了我与他们的所有联系。即便如此，我此前也并未放弃对他们的爱，只因后来他们的做法失去了人道，才让我的情感彻底熄灭。如今，那些人与我终成陌路，于我而言，他们也就不复存在了，而这，也正遂了他们的心愿。那么，如今这个孑然一身的我，又是谁呢？我必须得找到这个问题的答案。可惜在开始这段求索之路前，我还得先草草审视一番自己当前的处境，如此方能将目光从那些人转移到自己的身上。

有一种奇怪的状态一直伴随着我，至少已有十五年了。这种状态如梦似幻，感觉就像在做噩梦，而且仿似腹中的食物也没怎么消化，把人折磨得难受。我一心只想从这场梦中醒来，所有痛苦便能烟消云散，也能与好友们重逢相聚。可以肯定，我已经在某个时刻，不知不觉中由醒入睡，或者再准确一点说，进行了从生到死状态的转换。就这样，在冥冥之中，我忽然脱离了正常的轨道，一下子陷入了一种让人难以琢磨的混乱状态，无力自拔。我越是琢磨自己当下的处境，就越对自己的现状感到糊涂。

然而，谁人又能预知命运呢？到如今，我已任由命运摆布，更难以想个明白了。彼时的我，与此时的我，并无二致，但是以正常人的思维，那时的我又如何能够想象得到，有朝一日，我竟会被人确信无疑地当成怪物、投毒犯、刺客，当成人类中的败类，沦为一群乌合之众的笑柄？又何以料到，路人向我致意的方式，竟会是口吐唾沫，甚至竟会有整整一代人，一致打算将我活埋来取乐？这种转变之大令人诧异，而我对此的本能反应，就是惊慌失措。出于激动和义愤，我顷刻间变得情绪激昂，经过整整十年才逐渐平复这种状态。这十年之间，我跌跌撞撞，一错再错，蠢事不止。这些鲁莽的行为为那些操控我命运之人提供了把柄。对此他们轻车熟路地加以利用，而我的命运也由此陷入了万劫不复之地。

有很长一段时间，我发起了激烈的抗争，然而皆徒劳无益。我为人坦诚直率，耐不住性子，容易冲动，又缺乏手段伎俩，也没有诡计和谋略。故而，我原本想努力挣脱束缚，谁料却越陷越深，反而不断给那些人递刀子，而且他们还都牢牢把握住了。我终于逐渐意识到，我的一切努力不过是徒劳，自己受的折磨也毫无益处。于是我选择了自己唯一可选的道路，那就是向命运屈服，听天由命，不再抗争。结果，我听天认命之后，内心反而获得了宁静，此前种种尝试所造成的创伤也得到了弥补。之前那些无休止的抗争，既痛苦又徒劳，也无法让我获得内心的宁静。

我的内心能够获得宁静，还归功于另一个原因，那些费尽心机迫害我的人，早就被仇恨冲昏了头脑，以致忽略了一个重要的细节。那就是，要想对我不断地施加新的痛苦和折磨，是需要采取循序渐进策略的，但他们忘记了这一点。如果当初他们足够狡猾，给我留下一丝丝的希望，那么现在也应该还能对我有一些办法，还可以用诱饵来引诱我，摆布我，让我再次因期望落空而陷入痛苦之中。可惜他们早已施展完了能用到的各种伎俩，在让我变得一无所有的同时，自己也已经黔驴技穷。那些人对我进行诽谤、侮辱、嘲笑、辱骂，已经到了无以复加的程度，虽然我无力回避和摆脱，但他们也同样无法做到更加恶毒了。他们急不可耐地让我尝尽了所有的痛苦，故而现在已经没有任何凡人之力与地狱之法，能够再为我增添一丝一毫新的痛苦。甚至当我在遭受躯体的痛苦时，心灵的苦楚却反倒因此而减少，断然不会增加。也许因躯体疼痛而产生的号啕，能让我不因忧郁而发出呻吟，而身体上遭受的伤害，则会避免我心灵受到伤害。

既然一切都已到了无以复加的地步，那么现在我又有何惧？他们没有办法再给我雪上加霜，也就吓不倒我了，我终于可以从一切讨厌的忧虑和恐惧中解脱出来了。就凭这一点，也至少能让我找到一些慰藉。

真实发生的不幸，其实对我几乎没有什么影响，我能够轻易地接受已经降临的不幸，然而，我却没有办法接受那些我头脑中所担心的东西。我会头脑发热，对那些我所担心的不幸胡思乱想，添油加醋，并从各个角度进行审视，这些不幸在发生前对我的折磨，要远远大于其真实发生时对我的折磨，那种威胁感远比实际的打击更伤人。那些我所担心恐惧的不幸，一旦真正来临，反而原形毕露，不再有想象中那样恐怖，也远没有自己曾担心的那样可怕，甚至当我在遭受这些不幸折磨时，竟能感觉到一种解脱。在此种状态下，我不再有更多的恐惧忧虑，不再有任何焦急的期盼，只需要养成一种习惯，便可越来越轻松地适应，因为事情不可能变得更糟糕了。随着时光的流逝，我对自己的处境越来越麻木，也不再有任何的不幸和痛苦，能唤醒我对它们的强烈感知。那些迫害我的人，不顾一切地一次性发泄了全部仇恨，是为我做了一件多么大的好事呀，从此，他们失去了打击我的力量，现在就轮到我嘲笑他们了。

此后，过了不到两个月，我的内心便彻底恢复了宁静。其实在此之前，我很早就不再有恐惧与担心，但是我仍然心存希冀。这些希望时而燃起，时而破灭，在我的内心之中，激起了千万种强烈的情感，搅得我永无宁日。不久，发生了一件出乎我意料的伤心事，彻底终结了我那最后一丝微弱的希望，也告诉了我，我在这尘世之中命运已定，永远无法逆转。从此以后我就彻底认命，内心也再次恢复了宁静。

自从我大概了解了那帮人的全盘阴谋后，对于公众在我有生之年会对我回心转意这件事，我便完全不再抱任何想法。而且即使他们以后回心转意，也毫无益处，因为他们不可能从中得到任何回报。也许有一天，人们会选择重新接纳我，但我绝不会再接纳他们。我对他们极为鄙视，即便只是与他们为伴，也会让我感觉厌倦，乃至成为我的负担，我一个人独处时，绝对会比与那帮人打交道时快乐上百倍。由于他们，我已经体会不到与人交往的乐趣，而且到了我这个年龄，这种乐趣感也无法再恢复了，为时太晚了。从今以后，任凭这些人对我好，对我坏，我对他们的一切行为都不会在意。无论我们这个时代的人们如何作为，我都将毫不在乎。

然而，我曾经确实对未来有过期望，期望更优秀的一代人对当代人加诸我的评判与所作所为，进行更认真的审视，从而能够轻易地揭穿那些生事者的阴谋，最终能真正了解我。正是抱着这种希望，我写下了《对话录》，还促使我制订了一系列荒唐的计划，想让这本书流传后世。这种希望尽管渺茫，却也曾让我的内心充满焦虑，就像我当初曾努力想在当代找寻一位正义之士一样。所以说，哪怕我只是将理想寄托在遥远的将来，也同样会沦为当代人摆布的对象。在《对话录》中，我就阐明了自己抱有这种希望的原因，但是，我当时想错了。所幸的是，不久之后，我便意识到了错误，因此还能在有生之年，享受一段短暂的宁静与安详的时光。如前文所述，这段时光就这样开始了，而且我也有理由相信，它能一直持续下去。

日子一天天过去。每一天我都会有一些新的反思，进一步印证了我此前期待公众回心转意的想法是多么荒谬，哪怕这只是对未来时代人们的期待。因为每个时代的人，其行为都会受到那个时代指导者的极大影响，而这些指导者都属于憎恨我的团体，会一代接一代传承下去。团体中的个体会死亡，但整个团体却不会。这种情感会延续下去，他们对我的极端仇恨，也会像挑起这种仇恨的恶魔一样，阴魂不散，永无休止。当我所有单个的敌人都死去后，还会有医师与奥拉托利会[①]的存在，哪怕只有这两个群体的人迫害我，我也可以肯定，我离世之后，他们不会让我的名声比活着时更好。那些医师们，我确实得罪过他们，但随着时光的流逝，他们也许会逐渐宽容我。然而那些属

① Qratorian，由菲力浦·奈利在1564年创建于罗马的天主教社团。

于奥拉托利会的神职人员和准修士们，尽管我曾经热爱过、尊敬过、信任过他们，并且也从未得罪过他们，但他们的怒火却注定永远无法平息。因为，正是他们行事不公，才使我背负上了罪名，而这些人出于自负，绝对不会放过我，只会不断煽动社会大众对我保持敌意，故而社会大众也会如他们一般，对我的怒火将永难平息。

于我而言，这世间一切已成定局，无人能再给我一些帮助，亦无人能再对我造成更多的伤害；这世间已无任何东西能再让我惧怕，或给我带来希望。虽然我深陷于命运的泥淖之中，但是这样一位既可怜又不幸的凡人，却终于获得了宁静，并且能像上帝一样，不为外物所动。

自此，世间万物皆与我无关。这世间的邻里、朋友、兄弟，皆已成为过去。我仿佛告别了曾经熟悉的地球，来到了另一个陌生的星球。置身于此，我能认得的身边事物，莫不是些让人伤心痛苦的东西，周遭的一切，目之所及，无不激起我心中的愤慨、嘲笑或悲痛。因此，就让我的思绪远离这些令人痛苦的场景吧，它们只会给我带来伤痛，而且无穷无尽。余生且让我独行，只有在自我之中，我方能找到慰藉，找到希望，以及内心的宁静。此后我唯一的职责，便是对自己负责，而我所求的也仅仅如此。正是抱着这样一种心态，我又重新对自己进行严格而又真诚的审视，就像我此前在《忏悔录》中所作的那样。在余生的日子里，我将潜心审视自己，并为不久之后就必须提交的人生记录做好准备。我与自己的内心进行交流时，能体会到快乐，而只有这种快乐，没有任何人能够剥夺，如此，就让我纵情沉湎于这种快乐之中吧。我对自己的内心世界也进行反思，如果通过这种反思，我的内心世界能更加井然有序，其中的缺陷也能得到弥补，那么这些反思也就不尽是枉然了。这样哪怕我在这世间已一文不值，也不至于完全蹉跎余生。我每日闲暇漫步时，脑海中常常思考一些东西，让我感到愉悦。遗憾的是，之前的这些遐思我都已遗忘。以后再出现这些遐思时，我会将其付诸文字保存下来。如此每当我再次读到它们时，便能回忆起当初的快乐。想到我的内心能得到这种奖励，我便能忘却自己遭遇的不幸、迫害与耻辱。

我的这些文字，仅仅是随意记录下来的个人遐思。因为孤独的人必定会常常反思自己，所以我自己就是这些文字中的主角。不过其他所有在我脑海中浮现过的思绪，在我的文字中都有一席之地，它们如何呈现，我就如何记录，如同清晨的思绪与夜晚的思绪，它们之间就几乎没有什么关联。然而在我当前这种特殊的处境下，通过对滋养自己心灵的情感与思绪进行了解，我能更深入地理解自己的本性与气质。因此本书中的文字可以视为对《忏悔录》的补充。不过我不会这样给它取名，因为我觉得自己所言之物会使其名不副实。在逆境的大熔炉中，我的心灵已经得到净化，纵然是再细致入微的自我审视，也几乎不能再找出丝毫值得谴责的倾向。当尘世的一切情感都被连根拔起，我还有何需要继续忏悔的呢？我不再有任何理由赞美自己，也不再有任何理由谴责自己。从今往后，我不再与世人有任何实质的关系或友谊，因此注定会是一个无足轻重之人。我的好心可能会办坏事，做事情要么会伤害他人，要么会伤害自己。因此我唯一的职责就是做到无为。我定会全心全意地这样做。然而虽然躯体闲散了下来，但我的内心仍然活跃，各种情感与思绪不断涌上心头。事实是，我失去了对尘世的一切兴趣之后，内心世界似乎反而愈加活跃起来。此刻，躯体于我不过是一种累赘和妨碍，我要竭力提前与它做个了断。

这样一种境况实属罕见，因此当然值得去审视与描述，而这也正是我在余生最后闲暇的日子里，将要致力完成的任务。此事要想大功告成，本应有序、得法地进行，但这样做超出了我的能力范围，而且还定然会引我偏离目标。我的确切目标就是，对自己的内心变化进行持续记录。物理学家为了探索大气的日常变化，会对大气进行研究，而我则会模仿他们的方法来研究自己，我会准确地记录下自己内心晴雨表的变化，日复一日，也许便能获得如同物理学家那样可靠的结果。不过我的目标不及他们那么远大。能记录下自己的内心变化，我就已经心满意足，不会再试图将其进行系统的归纳。我的这项计划与蒙田的做法类似，但动机迥异。蒙田创作随笔，旨在给他人阅读，而我记录自己的遐思，只为了自己。待到我年迈之时，行将离世之际，如果那时的自己，还能如我所愿，保持与现在相同的心态与性情，那么到时再来读一读这些文字，便能回味起写作时刻的快乐。如此，既能回忆往昔岁月，还仿似又重新活了一次。虽然离开了人群，我仍然能享受到有人陪伴的快乐，在我年老体衰之时，我可以把年轻时候的我当成另一位年轻的朋友，与之共同生活。

之前我在写作《忏悔录》与《对话录》时，总是焦虑它们如何才不会落入迫害者的贪婪之手，如有可能，还寻思着要使其流传至后辈。但我写作当前这些文字时，不再有这样的焦虑折磨我。这种焦虑毫无益处，而我心中曾渴盼得到他人更好理解的那种欲望，也早已死去。无论是我本人的作品，还是证实我无辜的证据，其命运如何，我都毫不在意。也许它们都早已被破坏殆尽。

就让那帮人来尽情窥探我的行动好了，他们会惊恐于我的文字，然后夺走它们，查禁它们，篡改它们。以后这一切我都将不会在乎，我不会把作品藏匿起来，也不会炫耀它们。纵然此生，这些文字作品被人掠去，我写作它们的快乐也不会失去，字里行间的内容也将存留于我的记忆之中，激发写作灵感的那些孤独沉思也不会消逝。只要我一息尚存，思绪的源头就不会枯竭。倘若当初，在厄运刚来临之时，我便放弃与命运的抗争，转而采取现在的做法，那么那帮人的一切伎俩和拙劣的诡计便均无法得逞，也不能奈我何。如此一来，他们的那些阴谋，当初便不能扰乱我的宁静，从今以后，他们无论如何胜利，都无法对我造成纷扰了，以后，那帮人尽可以因羞辱我而扬扬自得，但却丝毫妨碍不了我对自己的清白无辜感到喜悦。无论他们怎样作为，我都将平静地度过余生。

漫步遐思二

就这样，我便下定了决心，要记录下自己日常的心理状态。但是其所处的境况，于常人而言却异常奇特，故而我能想到的最简单、最有把握的实施方案，就是忠实地记录我每次的孤独漫步，以及漫步过程中的遐思。每次漫步时，我的思维都变得无拘无束，脑海中的念头也一个接一个天马行空般涌现出来。这独自深思的几小时，是我每日中唯一完全属于自己的时光，这时的我是自己的主人，没有任何事物分散我的注意力或打扰我。只有在这几小时中，我才可以确定地说，我完全处于自然的状态。

然而我很快就发现，我本应该更早一点就这样做。此刻的我想象力已大不如从前。一些事物原本能激发我的想象力，引起我的深思，现在的我却已对其有些麻木，就连遐思时的狂热，我也不再如从前那样着迷。到了现在这个年岁，想象之中，回忆的东西已多于新创造的东西。躯体的官能也变得慵懒迟钝，精神的活力逐渐枯竭，囚禁于日渐衰老的肉体之中的灵魂，已不再能轻而易举就活跃起来。但我还是相信，自己有权利拥有自己渴望的那种状态。若非内心尚有这种期望，否则我早已只在回忆中度日了，因此如果要反思一下走下坡路前的自己，就必须得把时光倒退到几年前，那时的我已经对今生失去了一切希望，觉得尘世之中已找不到自己精神的食粮，于是我慢慢学会了自给自足，从自己身上为内心找寻全部的滋养。

虽说当时这一做法只是权宜之计，而且发现得太迟，但是极为奏效，很快就弥补了我的一切损失。当我养成了自给自足的习惯后，那些纠缠我的各种烦恼，也渐渐失去了对我的影响力，甚至从记忆中都消失了。这期间我也从自身经历中体会到，幸福的真正源泉在于我们自身，而倘若一个人坚定地追求幸福快乐，他人是绝无能力真正使其痛苦的。在那四五年的光阴里，我的生活充满深思，心平气和，与人为善，常常都能体会到发自内心的喜悦。那段时间独自漫步时，我能不时体会到沉醉与欣喜若狂的感觉。说起来，我能够享受到这段快乐的时光，还得感谢我那些迫害者们，如果没有他们，我肯定认识不到也发现不了自身之中还隐藏着这些宝藏。当时的我沉醉于这些宝藏之中，如何能忠实地把它们记录下来呢？每每回忆起这许多的甜蜜遐思，我就仿佛再一次身临其境，而忘了对其进行描述。光是靠回味这种状态，就足以再现它的活力，然而一旦这种体验彻底停止，我们很快就会把它忘得一干二净。

这样的情形就曾经在我自己的身上出现过。那是当我决定了要为《忏悔录》做点补充之后，外出散步时发生的。其中最特别的就是以下我要描述的这一次。这次散步时，一场意外打断了我的思绪，并将其临时带入了另一个方向。

那一天是1776年10月24日，星期四。午饭后我沿着林荫大道开始迈开脚步，一直走到了很远的绿径街，之后又沿着它到达了梅尼蒙当的高地。随后我抄小路穿过几处葡萄园和牧场，一路沉浸在梅尼蒙当与沙隆两地交界处的迷人乡村美景之中。到达那个小村庄后，我决定绕个道，沿着之前那片田野里的另一条小道返回。漫步于这些田地之中，我心情愉悦，兴致盎然，美丽的风景总是让人心潮澎湃。一路上，我停停走走，不时打量着道路旁的各种植物，其中有两种植物，我在巴黎附近极少见到，但在这一地区却大量生长。一种是一种菊科植物，名为毛连菜；另一种则属于伞形科，名为银柴胡。此番发现着实令我高兴，在我脑海之中萦绕了许久，直至后来，我又偶然发现了另一种更为罕见的植物，尤其是高地那里更为罕见，名为牛繁缕。尽管当天稍晚时我遭遇了一场意外，但我后来还是在随身携带的一本书中发现了它，并成为我的另一件收藏品。

之后，我又仔细端详了在花丛中发现的其他几种植物。尽管都是些熟识的品种，我仍旧乐此不疲地观察，一一计数。但是后来，我的注意力慢慢离开了对这些细节的观察，转向了身边的整片风景，这些风景同样令人感到惬意，而且更触动我的心弦。就在几天前，这里用于酿酒的葡萄才刚刚采收完毕。城里人已不再来了，就连农民们，也只有等到冬季农活时节，才会再来到这片土地。

乡间仍然是一片惬意的绿色，但已人迹罕至，许多树叶也片片凋零，万物孤寂，预示着冬季就要来临。我触景生情，心中生起了丝丝微弱的感伤，这场景与我的年龄和经历太过相似，不免让人由物及人。眼见着自己即将结束一段无辜受害的不幸生活，尽管我内心的情感已经为悲伤与焦虑所摧残，但它们却仍旧激烈，并且还有一些美好的事物仍在装点着我的头脑。我茕茕孑立，无人理睬，已经感觉到了严冬的来临。我的想象力也在衰退，因此在我独处的时光中，我已经无法再随心所欲地发挥想象。我叹息着：我在这世上完成了些什么？造物主给予了我生命，但我还没有好好地活过，生命就行将结束。不过至少其责任不在于我，只是由于他人的阻挠，我才未能完成人生的杰作并呈献给造物主。尽管如此，至少我的愿望本是好的，只是未能实现；我的心地也是善良的，只是没有发挥什么作用；还有我的忍耐力，也让我经受住了世人的嘲讽。这一切，都是我对造物主的致敬。这些思绪触动了我，于是我开始追忆我从青少年到壮年的心路历程，追忆那之后漫长的与世隔绝的生活。无疑我的生命时光也将会在这独处的状态中结束。我满怀深情地回忆了自己发自内心的情感，以及内心忠实又盲目的依恋，还有那些过去几年来滋润着我头脑的各种想法。这些想法，给予我更多的是慰藉，而非伤感。我已做好了要清晰地回忆起它们的准备，这样便能快乐地对它们进行描述，而这种快乐，几乎可以与我当初经历它们时体会到的快乐相媲美。

伴随着这些平静的沉思，那个下午的时光就这样过去了。回家的路上，我心满意足，但是接下来发生的这件事，让我的遐思戛然而止。

傍晚，六点钟左右，我正走在从梅尼蒙当下来的小山上，快要走到一家名为“快乐园丁”的店的对面。就在那时，走在我前面的一些人忽然闪开，然后一只大丹犬向我全速飞奔过来，后面还跟着一辆马车，这只狗发现我时，为时已晚，既停不下来，也改变不了方向。我当时的判断是，如果要避免被它撞翻，唯一的希望便是准确地在那一瞬间腾空而起，这样狗便可以从我身下跑过去。可惜我只是这样一想，还来不及将这一闪电计划进行审视或付诸实践，便倒在地上了。无论是被撞，还是摔倒，或是其他任何事情，我当时都没有感觉。直到后来我才慢慢苏醒了过来。

等到我恢复知觉，已经快到夜晚了。当时有两三个小伙子扶着我，并告诉了我事情的经过。那只大丹犬因为飞奔得太快，无法停止，径直撞到了我的腿上。它的大个头，加上当时的速度，让我脸朝下摔倒在地。我的上颌承受了身体的全部重量，撞到了铺在路上极为崎岖不平的鹅卵石上。加之是在一段下坡路上，摔得就更为严重。摔倒时，头在低处，脚在高处。这只狗主人的马车当时也紧随其后，若非马车夫及时勒住了马的缰绳，马车就径直从我身上碾轧过去了。

这几位年轻人过来将我搀扶起来，在我苏醒之后，还仍然扶着我，并给我讲述了许多当时发生的情况。那一刻我心中的感受无比独特，因此我忍不住要在此描述一番。

当时夜幕渐渐降临。天空、星辰，还有一些树叶映入了我的眼帘。我首先感到的是一阵喜悦，其他任何事物都没有引起我的注意，那一刻我获得了重生，而且仿佛眼前的一切都与我脆弱的人生有关。那时的我只聚精会神关注眼前的一切，根本想不起任何事情，不清楚自己是怎样的一个人，也压根儿不知道刚刚在我身上发生了什么事。那个时候我不知道自己是谁，也不知自己身在何处，既不觉得疼痛，也不觉得恐惧或焦虑。看到自己身体在流血，却仿佛在欣赏潺潺流动的溪水，甚至根本没有想过这流淌的血液与我有关，我整个人异常平静。后来当我回想起这种感受时，在人类所有感知到的愉悦中，竟找不出任何一种可与之媲美。

之后，那几位搀扶我的人询问我的住处，可我答不上来。我反问他们，自己当时身在何处。他们回答说是在“上公桩”，不过也可能说的是在法语中发音差不多的“阿特拉斯山”之类的。于是我只得依次询问我身在哪个国家、哪个城市、哪个地区。事情还不止于此。我从那里一路走到林荫大道，边走边想，最后才想起我的住址和姓名。有一位我不认识的绅士，为人心地善良，还陪我步行了一程。当他发现我的住所距离那么远时，这位绅士还建议我到圣殿去雇一辆出租马车。那时的我还步履轻快，虽然口中还有鲜血吐出，但是感觉不到伤痛。

不过，我仍然冻得瑟瑟发抖，惹得我受伤的牙齿也开始打战，感觉极不舒适。步行到圣殿后，我心里便想，既然我走路没有大碍，坐出租马车还有被冻死的风险，还不如继续步行为好。就这样，我继续从圣殿步行了二三里路，到了普拉提耶路，这一路上走得挺顺畅，我避开了马车和拥挤的地方，并且把自己完全当成健康人一样选择道路。到家时，我打开了临街那道门上的锁，在黑暗之中爬上了楼梯。终于除了之前那次摔倒外，回家路上没有再发生其他意外，直至那时，我也尚未意识到摔倒带来的后果——妻子见到我，大声地尖叫起来——那一刻我才意识到自己的状况要比之前想象得更严重。那一晚，我都没有完全了解和感受到自己的受伤情况，到了第二天早晨，才有了以下这些痛苦的发现：我的上嘴唇里边开裂了，裂口直达鼻子；上嘴唇外部则由于有皮肤保护，尚未完全开裂；上颌的四颗牙齿被撞了进去，上颌边的脸部也严重浮肿，有瘀伤；右拇指扭伤并且肿胀，左拇指严重受伤；左手臂也有扭伤，左膝盖也同样严重浮肿，并且因为严重挫伤疼痛，几乎无法弯曲。不过虽然遭受这样一番重创，竟然没有一处损坏，连牙齿也没有碰掉一颗，摔了这么大一跤却只受了这点伤，真是一个小小的奇迹。

上述这些，就是我这次事故的本来面目。之后没过几天，这件事就传遍了巴黎，但是其中的情节已面目全非，完全走样了。这种变化我本该早就意料到，但这些流传的版本中，有众多怪异的情节、神秘的措辞，还有一些地方被人省略了，还有人以一种愚蠢可笑的谨慎语气把它讲给我听。这些故弄玄虚的做法，开始引起了我的不安。我讨厌含混不清的东西，因为它们天生就会给我带来恐惧。尽管这么多年以来，那帮人一直让我陷入幽暗阴郁之中，但我的这种恐惧感却并未减退。那段时期发生了许多奇怪的事情。下面我只讲其中的一件事，据此也能窥一斑而知全豹。

有一位名叫勒努瓦的警长先生，之前与我并无任何交往，但那一次他却专门派秘书来问候我，并再三提出要为我提供帮助。不过当时这种帮助似乎对我并无多少益处。这位秘书还锲而不舍，一再督促我要利用好这些提供帮助的机会，他甚至表示，如果我不信任他，还可以直接写信给勒努瓦先生。如此殷勤的行为，以及这位秘书神神秘秘的神情，都告诉我，这其中必定隐藏着某些神秘的东西，但我无法弄清楚。这件事让我烦恼不已，尤其是之前经历过的那次意外和随之而来的热病，本已让我心慌意乱。当时我脑海中产生了无数忧郁又烦恼的猜想，纷纷来折磨我，我还像发烧之后说胡话一样对自己身边发生的事情发表看法，失去了对世事已经看淡之人应有的沉着。

还有另外一件事，对我内心的宁静也造成了致命的一击。事情是这样的：曾经接连着有好几年，奥尔穆瓦夫人一直竭力要博得我的好感，但我揣摩不出她那样做的用意。她送给我一些花哨的小礼物，还常常来访，都没有什么具体的目的，也并未给我带来什么快乐，但这一切都清楚表明，这其中必定隐藏着某种不可告人的目的，她始终都没有透露。她曾经对我提起，她打算写一本小说，并将其献给王后，而我也告诉了她我对女性作家的看法。她告诉我，她这项计划的目的是要东山再起，而只有找到一位庇护人，这项计划才能成功。我无言以对。后来她对我说，因为无法接近王后，她已经决定要出版她的小说。那一刻我再向她提任何建议都已没有意义，她不想要建议，也绝对听不进去。之后她又提出要提前把书的手稿给我看，我请求她千万别那样做，于是她也就没有那样做。

在我养病康复的那段日子里，有一天，阳光明媚，我收到了她寄来的那本小说。书已完全付梓印刷并装订完毕了。在其序言中，我读到了对我矫揉造作的吹捧，用词不当，语言粗俗，装模作样，这种印象让我很反感。这种粗俗的阿谀奉承，绝非出自真心实意，我也绝不会因此而被蒙骗。

几天之后，奥尔穆瓦夫人带着她的女儿来看我。她告诉我说，她的那本书引起了轰动，而轰动的原因则是其中的一个脚注。我之前浏览时，几乎没有留意过那一个脚注。就在奥尔穆瓦夫人离开后，我重读了一下那条脚注，仔细分析了其措辞，最后我终于恍然大悟。原来，她的所有来访、谄媚，以及在书的序言中那些粗俗的阿谀奉承，都只是为了诱导大众，让他们认为这条注释是我加的。这样，在当前这种形势下出版这本书，作者肯定会受到的指责，就落到我的头上了。

对于这种传言，以及由此可能产生的影响，我无法阻止。当时我唯一能做的，就是不允许奥尔穆瓦夫人和她的女儿再次来访，以免火上浇油。本来她们的来访就于我无益，不过是做做样子罢了。于是我给奥尔穆瓦夫人写了一张便条："卢梭谨此对奥尔穆瓦夫人的好意表示谢意，然遗憾告知，因卢梭素不接待作家，故恳请奥尔穆瓦夫人切勿再次莅临。"

后来她写了一封回信，信的内容显然完美无缺，只是行文的手法，与我在类似情况下收到的其他信如出一辙。信中说道，我野蛮地将匕首刺入了她脆弱的心灵，而且那封信的语气还向我表明：她对我的感情诚挚而强烈，同我断绝关系之后，她将失去生存下去的希望。倘若真的如此，在世人眼中，一切的真诚与坦率，就皆为骇人的罪行了。在当代人眼里，我大概是邪恶与残忍之人，尽管我唯一的罪行，不过是不如他们那样虚伪和背信弃义。

在我出门好几次，甚至还在杜伊勒里频繁散步之后，我逐渐发现，许多人见到我时都表现出惊讶的神情。我因此猜想，一定是还有什么关于我的传闻我还不知道。后来我终于了解到了，是有人传言说我已经摔死了，这个谣言迅速传播，势不可当。就在我听说它之后，过了两周多一点，甚至连国王本人和王后都言之凿凿地谈论起此事。还有热心人告诉我，《阿维尼翁邮报》不但愉快地宣布了这一消息，还不忘早早做好准备，以怀念我的悼词的形式，提前对我致以侮辱和蔑视。

除了这条消息外，还同时发生了另一件更为奇怪的事，这件事我也是偶然得知，无法了解更多的细节。这件事情就是，在传言我已死亡的同时，有人开始募集资金，要将在我住所里能找到的一切手稿都印刷出来。这件事表明，那帮人已经准备好了特意伪造的一些书籍，一旦我离世，就会署上我的名字。他们会忠实地把我真正留下的作品印刷出来这种想法，不过是一种讽刺，任何有理智的人都不会相信。过去十五年的经历也告诉我，这绝对不可能。

类似的事情，一件又一件接踵而至，而且几乎同样令人惊讶。在我原本以为已经波澜不惊的内心之中，再一次激起不安。这些阴影萦绕在我身旁，不断积累，我内心之中那种对黑暗的天生恐惧，也因此一再出现。

我想找到这一切的解释，也试图去理解那些故意糊弄我的神秘事件，为此我心力交瘁。要解开这一切谜团，其实只有一个永恒的方案，这也再次肯定了我此前的全部结论，即我本人的命运和我名声的命运，早已提前确定好，它在当代人的共同作用下成形，靠我自身的努力无法改变。我任何珍贵的东西，想要流传到下一代，都要经过那些有意对其进行压制之人的手，我没有办法越过他们。

不过这一次，我总结得更加深刻了一些。这么多偶然情况同时出现；我最残忍的敌人都位高权重，仿佛经过了命运的选择；他们以管理国家或控制舆论的方式，身居受人信任职位之人，以及拥有权势之人，仿佛都事先经过精挑细选，这些人都对我暗怀敌意，共同参与针对我的阴谋。这一切异常离奇，不可能纯粹只是巧合。哪怕只有一个人拒绝同谋，有一件事发生逆转，有一种形势发生意外改变，这一切都不可能成功。然而所有人的意志、所有命运的转折、所有运气的变化，都在助这帮人的一臂之力。这一切如此明显，又如此不可思议地同时发生，让我毫无疑问地相信，这都是上天制定的无法改变的旨意，所以他们的计划必定会取得圆满的成功。

无论是现在，还是过去，我大量的观察所得，都完全证实了我的这项结论。从今以后，我此前仅仅视为是出于人的恶意而策划的那些阴谋，我将不得不当成上天的机密，因为它超出了人类理智的范围。

这种想法，不但不残忍，可以忍受，而且还给我带来了慰藉和宁静，也让我学会了认命。圣奥古斯丁曾表示，如果是上帝的旨意，要他下地狱他也心满意足，我还没有达到那种境界。也许，我顺从天意时还带着一点私心，但是其根源同样是纯洁的，并且我也认为，这样做更加无愧于我所崇拜的完美上帝。

上帝是公正的，而他的旨意就是要让我受苦，他也知道我是清白的。这一切都给予了我信心。我的内心与理智都在呼喊：我不应感到沮丧。就让那些人和命运都为所欲为吧！我要学会默默地忍受。万物最终必得其位，迟早会有我的出头之日。

漫步遐思三

吾虽年岁渐长，然勤学不辍。

古希腊七贤之一的梭伦，晚年时常吟诵上面这行文字。从某种意义上说，我亦是如此。然而，从过去二十余载的人生经历中，我所学到的一切，过于微不足道，甚至还不如不学为好。毋庸置疑，逆境是一位好老师，然而，其学习的代价实在高昂，从中获得的收益往往还抵不上付出的代价。更有甚者，有些教训我们学得太迟，待到掌握之时，已失去了用处。年轻是学习智慧之时；年长则是运用智慧之际。经验往往带来益处，这点我承认，但是要收获这种好处，前提是我们尚有时间。倘若死亡即将来临，此刻再去学习本该如何生活，又有何价值？

一些对于命运的领悟，我获得的就太晚、太痛苦了，还有对造成目前这一切之人情感的了解，于我又有何益？那帮人陷我于痛苦之中。若说我已识人更深，却只平添了对此种痛苦更加强烈的感受；若说我已更深谙此道，可以揭露那帮人的一切阴谋诡计，但也没有任何一次能够逃避。我曾经的那种信念，愚钝却快乐，为何我会放弃了它？正是怀着那种信念，我的那帮喧嚣的朋友，曾经多年将我玩弄于股掌之间，而我丝毫不曾怀疑他们有什么阴谋。无疑，我被他们愚弄了，成为受害者，然而我当时仍旧相信他们是爱我的，我的内心享受着他们带来的友谊，并且以为他们的感情亦是如此。

这种甜蜜的幻觉，如今已烟消云散。时间与理智唤醒了我对自己不幸的认识。面对这一悲伤的事实，我相信已经无药可救，只有听天由命才是唯一的正道。如此一来，我老年时获得的这些经验，于我当前的处境毫无益处，于将来亦无任何帮助。

我们一来到这个世界，就加入了一场竞赛，至死方休。快接近终点时，才去学习提高驾驶战车的技术，又有何用？此刻应该考虑的，不过是如何退场而已。若说老年人有何需要学习之事，那便是走向死亡的艺术，而这恰恰是我这个年纪的人思考得最少的，除此以外别的事情，我们反倒都会去思考。老人对生命的依恋，远甚于儿童。结束人生时，也不如年轻人优雅。原因于在，他们一切的努力考虑的都是今生，而待到生命行将结束之时，才发现一切皆枉然。生命结束之时，他们带不走任何东西，一切忧虑、一切财物、一生孜孜不倦创造的成果，丝毫都带不走。一生之中他们从未思考过，究竟能获取点什么东西，可以在离世之时一起带走。

幸而我及早地这样告诉了自己。若说自己对这些反思尚未充分利用，原因倒不是我反思得太晚，也不是因为理解得不透彻。童年的我，就卷入了生活的旋涡。早年的经历告诉我，我生来就不适合这个世界，并且在这里我永远无法到达内心企盼的境界。

因此，我当时就感觉在人群之中找不到幸福，于是便停止了找寻。纵然我的人生那时才刚刚开始，我那火热的想象力就学会了逃脱生活的樊篱，仿佛在另一个世界飞越，找寻着一处牢固稳定的栖身之地。

这样一种愿望，又在我早年的教育中得到升华，后来生活中接踵而至的长期苦难与不幸，更进一步强化了我的这种愿望。它一直指引着我，追寻自然，找寻自我存在的意义。其兴致之盎然，决心之坚定，我还尚未在其他人那里见到过。我确曾见过不少人，他们比我更懂哲学思维，但是，他们的哲学似乎只是身外之物，他们对宇宙万物的运行方式进行研究，希望能比他人更有知识，就像是出于好奇，而对一些偶然遇到的机器进行研究。这些人研究人性，为的只是在谈吐时显得博学多识，而并非要了解自己。他们努力的目的是指导他人，而非为了自己内心的醒悟。更有其中的个别人，仅仅是为了要写书，而且只要能引起轰动，任何书都行，一旦落笔付梓，书的内容他们就再也一点都不感兴趣了。他们所关心的仅仅是书能被他人接受，以及如果有人攻击时，该如何进行反驳。除此以外，书中的内容他们绝不会用在自己身上；只要不被驳倒，无论内容真假与否，他们都丝毫不会在意。

于我而言，我学习任何东西的目的，都是为自己获取知识，而非要好为人师。我一直认为教导他人之前，须先为满足自己的需要而掌握充足的知识。此生之中，我在世人之中所从事过的一切学问，几乎没有哪一种，如果将我余生困在一座荒岛上，我不能同样地进行研究。人们应该做些什么，主要取决于我们认为应该相信些什么。除了人类天生的基本需求外，在其他一切事情上，人的观念支配着人的行动。一直以来我都坚信这条准则。它也时常指引着我去充分探寻自己人生的真正意义，进而指导我一生的行为。当我感到在人群之中无望找寻到这种真正意义之后，对于无力取得世俗的成功，我也很快就觉得坦然了。

我出生在一个道德高尚、信仰虔诚之家，后来又在一位为人正直、信仰坚定的牧师抚养之下长大。幼年时我就接受了许多准则和信条，当然也许有人会称其为偏见，这些准则与信条我至今从未完全放弃过。孩提时代，我无拘无束，心中满怀善良。那时受名利的诱惑，又被人许以希望，加之生活所迫，我加入了天主教会，但是我仍旧相信基督教。不久之后，在习惯的影响下，我的内心也真诚地对我的新宗教产生了依恋，华伦夫人的言传身教，更加增强了我的这种依恋。我最美好的青春年华是在幽静的乡村中度过的，而阅读良书佳作更是让我不能自拔。这一切在华伦夫人的陪伴下，更增加了我天生的多愁善感气质，也让我成了费奈隆那样的虔诚之士。

一个人独自沉思，研究自然，思索宇宙，在这一切的引领下，会不断渴求对造物主的了解，带着愉悦又不安的一颗心，探索一切所见之意义以及一切感触之根源。当命运将我再次卷入世间的激流后，这世间就再也找不出任何事物，能让我的内心得到片刻的满足。我失去了那美好的自由，无时无刻不觉得遗憾。对于身边一切可能给自己带来功名与财富的事物，我都漠不关心，甚至感觉厌恶。我的欲望摇摆不定，渴望的东西极少，而得到的则更少。即使有时成功的曙光照耀到我的身上，如果我无法将其认识清楚，纵然我能如愿以偿，也无法真正获得内心渴求的那种幸福。就这样，这一切都将我引向了远离尘世眷恋的道路，而后来又发生了那一系列的苦难，我在这世间也就更加彻底地成了局外人。那时我已年届不惑，时而穷困，时而富有，时而智慧，时而犯错，虽然浑身未脱离因习惯养成的恶习，但内心已摆脱了邪恶的意念。我那时的生活漫无目的，毫不遵从理性的原则，不过我也并未藐视自己的职责，虽然那时的我常常都没有完全弄清它们是什么。

自青年时期开始，四十岁就一直被我确定为努力成功的终点，也就是我各种志向抱负的最终期限。我当时就已决定，待到不惑之年时，不管自身处境如何，我都不会再努力挣扎，并且在余生中过一天算一天，不再思考未来。

当那一刻真的到来时，我轻而易举就实施了自己的计划，虽然那时的我似乎有望走向飞黄腾达之路，但我选择了放弃，而且毫无遗憾，反倒感到由衷的快乐。我挣脱了那一切的诱惑与无谓的希望，纵情沉湎于与世无争的宁静之中，而这种状态正是我一直的最爱与长久的向往。于是我脱离了这个世界及其虚荣，放弃了一切华丽的装饰，不再佩剑戴表，不再穿白色长袜，不再用镀金饰物或施粉，只戴一副简单的假发，穿一件纯色的绒布外套。更为重要的是，在我的心底，已经根除了贪婪与妄欲，故而那些我已抛弃之物不再对我有价值。我放弃了当时的职位，本来那份工作就极不适合我，转而投身我一直情有独钟的乐谱抄写工作，按页获得酬劳。

我对自身的改造并不局限于身外之物，当时的我也确实意识到了需要改变自己的观念，这一改变无疑更加痛苦，但是却更为必要。我决定要马上行动后，便开始进行严格的自我审视，以便让自己的内心能在余生之中一直保持自己期待的那种状态，直至我与世长辞。

就在不久之前，我遭遇了一场大变故，对这个世界的一种新的道德观念开始出现在我眼前。我开始在世人的一些愚蠢看法中找到了其荒谬之处，但未能预见我竟会成为其受害者。我对成为文学名人没有什么欲望，一想到这事我就反感，但是我的一些其他欲望，却在此前不断膨胀。此外我还盼望着找寻到一条道路，用来指引我余生的事业，并且希望它能比我之前大半生事业的道路更可靠一些。凡此种种让我意识到，自己其实一直都需要对自身观念进行全面的审视，于是我开始付诸行动，并不遗余力要成功完成这项任务。

正是从那个时候开始，我彻底远离世俗，钟情于与世隔绝的生活，并且从未放弃过。我当时给自己设定的任务，只能在完全独处的状态下完成，因为它需要长期安静的沉思，而这些在喧嚣的社会生活中是无法做到的。因此我在那一段时间换了一种生活方式，结果却发现这种独处的生活方式极其符合自己的口味。后来即使有几次因为迫不得已而短暂中断，只要一有机会，不费吹灰之力，我就又愉快地回归到了这种生活。至于再后来，那帮人想迫使我隐退，结果非但没有让我因与世隔绝而痛苦，反倒为我平添了快乐，而单靠我自身的努力还达不到那种效果。

从事这项任务时，我所投入的热情，是与其内容的重要性及其对我的价值相匹配的。当时我的生活圈里有一些当代的哲学家，但他们与古代哲学家几乎毫无共同点。他们无法打消我的疑虑，无法疏解我的困惑，相反还动摇了我在自身最重要问题上的坚定信念。那帮人热情地宣扬无神论，态度专横武断，没有耐心容忍任何人在任何问题上持不同意见。

我不喜欢与人争辩，并且缺乏这方面的天赋，故而常常没有为自己进行有力的辩护，但是我也从未接受他们那种沉闷的说教。这帮人心胸狭窄，各怀鬼胎，而我对他们的这种反抗，也正是激起他们对我敌意的一个重要原因。

他们虽然没有说服我，但却给我带来了困扰。他们的论证无法使我信服，但却使我产生了动摇。我没能找到他们问题的明确答案，但我坚信答案一定是有的。我不太责怪自己被人误解，只责怪自己无力辩解，我的内心比理智更擅长辩解。

最后我告诉自己："难道我要任由自己被那些巧言善辩者的诡辩永远来回左右吗？我甚至都不知道，那帮人如此迫切地宣扬并想让他人接受的观点，是否真是他们自己的观点。他们对自己的学说很狂热，热衷于让他人接受这个或那个教条，但我们却无法了解他们的真正信仰。有谁指望过派别领袖们能做到真诚？那些人的人生哲学是讲给别人听的，而我所需要的，是自己用的。趁自己尚有时日，就让自己全力以赴去找寻吧。如此，余生之中便能有一套确切的行为准则。我正值壮年，智力正处鼎盛，但也很快就要开始衰老了。倘若再等待，我将无法再投入全部精力进行缓慢而谨慎的思考，我的智力也将失去不少活力，今日能完成好之事，以后定会完成得更差。时不我待，我要抓住这有利的时机，既要改造自己的外在与躯体，也要改造自己的智力与品德。此刻我要一劳永逸地确定好自己的观点与原则，然后在余生之中，去坚持这些经过深思熟虑得来的结果。"

虽然我的这项计划进展缓慢，但我竭尽了全部身心精力。我强烈地认为，我余生的安宁，乃至我的全部命运，都寄托在这上面。刚一开始，我就发现自己遭遇了各种问题、困难、反对、困惑与不解，仿佛身处迷宫之中，因而常常有放弃的念头，几乎就快要放弃自己徒劳的探索，打算在自己深思熟虑时依赖常人的谨慎原则，而不想再继续努力探索自己难以厘清的新原则。然而常人的那种谨慎，于我而言本就非常陌生，我无法做到。倘若以此作为我的指导原则，则如同在海上狂风巨浪之中摸索一般，既无船舵，又无罗盘，仅靠隐约可见的航标灯绝对无法照亮抵达港口之路。

我坚持了下来，人生中第一次，我勇敢地采取了行动。幸亏这一次的成功，我才得以在之后毫无察觉但又陆续降临的厄运到来之时，成功经受住了考验。

自己当时所做的那些探索，大概是人世间有史以来最热切、最诚挚的了。此后，我便为那些自己关切的问题进行了一锤定音。我已竭尽所能避免出错，但倘若我的那些结论仍然有误，至少我不用为此而自责。毫无疑问，童年时期形成的偏见，以及内心之中那些隐秘的愿望，会让我将天平偏向自己感觉最惬意的那一端。想让一个人不相信自己强烈追求的东西，是非常困难的。又有谁能否认，人们对自己死后是否会接受审判的在意程度，抑或是希望，抑或是恐惧，都将决定大多数人的信仰。我承认这一切皆会将我的理智引入歧途，然而这并不影响我的真诚，因为我一直都在小心翼翼避免出错。如果说好好利用今生是一切的关注点，那么了解今生就显得极为重要，因为只有这样，才能在自己有生之年，最充分地加以利用，不致被人完全愚弄。不过在当时那种心境下，我最担心的还是因为那些世俗的享乐而危及自己灵魂的永恒命运，而那些世俗的享乐，我一直都不看重。

此外，我也坦承，当我在解决困惑自己的那些难题，也就是哲学家们常常在耳边我们念叨的那些争论时，我也并非完全心满意足。但是既然已经决定要对困扰人类头脑的一切问题作出最终决定，而又到处遭遇高深莫测的谜团和无法克服的障碍，我于是决定，面对任何情况都采用自己认为经过最明确证实、本身最可信的观点，不再操心那些我无法处理的反对意见。其实这些反对意见，在面对与其对立的学说时，也一样遭遇到同等强烈的质疑。

在这些问题上，只有不懂装懂之人才会武断、教条，而我们则必须拥有主见，并充分运用自己掌握的成熟判断力来进行选择。倘若我们这样做之后却仍然犯错，我们就有正当理由不用为此负责，因为责任已不在于我们。正是基于这条坚定不移的原则，我才拥有了信心。

经过艰辛的探索，我获得了一些成果，并将其大致写入了《萨瓦牧师的信仰自白》一书。这本书尽管遭到当代人的卑鄙利用和污辱，但是也许有一天，当人们恢复判断力与真诚，它终会引起人们思想的革命。

从那以后，我就一直坚守自己经过漫长又审慎思索后确定的原则，并将其奉为自己信仰与行为的永恒准则，而不再浪费时间去考虑那些我无法回应的反对意见，或是我头脑之中那些不时意外冒出的各种想法。这些东西确实有时让我烦恼，但它们从未动摇我的信仰。我总是告诫自己："这一切不过是些吹毛求疵、玄而又玄的细枝末节，而我采纳的基本原则，是经过自己理智思考得来的，又经过内心的确认，并留下了未受情绪影响的自己良知的烙印。与这些基本原则相比，前者根本无足重轻。在远远超越了人类理解力的诸多问题上，我的这一整套学说如此健全与连贯，它是谨慎思索的结晶，又如此适应自己的理智、内心与躯体，也是唯一得到自己发自肺腑认可的学说。难道仅仅因为某个我无法回应的反对意见，我就要推翻它？不。在自身永恒的本性与这世界的组织结构（也就是自身周围所见的物质秩序）这两者之间，我察觉到存在着一种紧密的联系。这种联系绝不会为空洞的诡辩所摧毁。而在道德秩序方面，经过自己的求索，我也找到了需要的精神支柱，它能够经受各种人生痛苦的考验。如果凭借其他任何体系，我将失去生存的依靠，并在绝望中离世，而我也将成为这世间最不幸的人，那么面对着这样的命运，还有那帮人，就让我们牢牢把握住这能给予自己幸福的唯一体系吧。”

我从上述这一切中得到的反思与结论，难道不正是上天所赐？它们让我为等待自己的命运做好准备，并且给予我经受命运考验的能力。曾经，等待我的是极度的苦恼，余生之中即将面对的亦是难以置信的落魄境况。倘若那时的我失去了能逃离我那些冷酷无情迫害者们的一处庇护所，失去了在他人强加给我人世的耻辱时我可以得到的一些慰藉，失去了有一天能获得应得的正义的一丝希望，完全被抛弃于这世间凡人所遭受的最可怕命运之中，那么那时的我将会变成怎样，而现在的我又将会变成怎样？曾经，我单纯幼稚、无忧无虑，认为人们对我只有善良和尊敬，我以坦诚和信任之心对待朋友和兄弟，但每每这时，他们却出卖我，悄无声息地诱使我落入在地狱深处精心编织的圈套之中。

曾经厄运骤然降临，完全让人猝不及防。对于一颗骄傲的灵魂而言，这尤其让人难以忍受。身陷泥淖之中，却不知缘于何故，亦不知谁人所为。我被人拽入了耻辱的陷阱中，周遭暗无天日，令人恐惧，身边只见邪恶的幽灵出没。刚遭遇这一打击时，我不知所措，幸而之前我已有所准备，已经有了精神支柱，所以能够再次挣扎而起，否则面对这突如其来的灾难，恐怕我永远都无法从当时的沮丧中恢复过来。

待到我结束焦虑，最终振作精神、重新找到自我，并意识到自己用于反抗逆境的那些资源的价值时，已是几年之后的事情了。我对关系自身的一切问题作出了决定之后，又将自己的这些原则与自身的处境进行了比较。我发现，我把人们那些愚蠢的判断以及这短暂人生中的琐碎小事，看得太过于重要了。今生不过是对我们的一次考验，而这种严峻考验的具体形式如何，无关紧要，只要结果符合预期就可以了。因此能够经受住的考验越是巨大、次数越多、苦难越深，就越是值得赞赏。如果人们能满怀信心地期待得到光荣的回报，一切再痛苦的折磨也将黯然失色。我早些时候思索的主要成果，就是确信自己能得到这样的回报。

面对着四面八方汹涌而来的无尽伤害与丑陋羞辱，我的确曾有过疑问与焦虑，信仰发生了动摇，内心产生了躁动。那时我无法应对的强大反对之声经过养精蓄锐，再次冲击我的思想，给我造成致命的打击。那一刻，本已被命运压得喘不过气来的我，几欲气馁与放弃。不断传到我耳中的新争论，常常都是对原本折磨自己的那些争论的强化。我感到自己心中的苦闷就要爆发，于是便向自己发问道："唉！如果面对命运之中的恐惧，我还只认为自己通过理智获得的慰藉不过是幻想，如果因此任由自己的理智摧毁自己的成果、推翻其在逆境之中积累起来的全部希望与信仰，那么又还有谁能在我绝望之际来保护我呢？从那些仅仅欺骗我的错觉之中，我能指望获得什么帮助？当今世人，在那些只有我才会去汲取营养的观点之中，只看到了谬误与偏见。在他们的眼中，真理存在于反对我的那些学说体系之中，他们似乎都不相信我是诚心诚意相信自己的观点。而我自己呢，全身心拥抱自己信仰的同时，也面临着许多自身无法逾越的困难，纵然如此，我仍然选择了继续相信。那么我是唯一的智者吗？是唯一领悟了真理之人吗？仅仅因为某种万物的法则适合我，我就能相信它吗？对于那些我同时代之人均认为毫不可靠的现象，倘若我自己的理智也得不到内心的支持，乃至自己也认为其虚无缥缈，那么我还能从中得到启发，进而信任它们吗？如果当初，我拿起迫害者们自己的武器来反抗他们，采用他们的原则而不是坚持自己的幻想，结果会不会更好一些呢？而我的那些幻想，面对迫害者们的猛烈攻击时，又无法保全我自己。我自恃聪明，却只会遭人愚弄，成了那种虚幻错觉的受害者与牺牲品。”

曾经无数次，我处于这样的疑惑与摇摆之中，几欲陷入绝望！如果这种状态在我身上持续整整一个月，那肯定会是我的末日。幸而这样的危机尽管曾经频频出现，但每次持续时间都非常短暂，而到了现在，虽然我仍旧未能完全摆脱这种危机，但是它们已经非常稀少，而且转瞬即逝，完全无力扰乱我内心的宁静了。这些瞬息即逝的焦虑能对我内心产生的影响，不会超出落入河水之中的鸿毛对河水流向的影响。我逐渐领悟到，如果要再次讨论这些我已经决定好的问题，也就是认为自己有了新的见解，或是比当初探索之时有了更好的判断力，或有了更强烈追求真理的欲望。然而既然我的情况并非如此，我也就没有任何明智的理由，还要去偏袒只会加剧自己的绝望与不幸的那些观点了。我已经确定的这些观点，源自自己正值壮年之时，当时自己的智力也正处于鼎盛，而且自己进行了最深刻的思考。当时的我，生活于无忧无虑之中，最首要的兴趣就是探索真理。

而今我的内心仿佛被撕裂般痛苦，遭受到凄惨生活的沉重打击，想象之中满是恐惧，周围各种骇人的谜团也一直在我脑海之中纠缠。随着年岁的增长，加之忧虑的纷扰，自己的各种官能也不断衰退。此种状态之下，我能随意抛弃自己此前积累的这一切资源吗？能更加信任我衰老时期的理性，而不相信壮年时期生机勃勃的理性吗？前一种理性带给我的，是不公正的苦难，而后一种理性，却是对自己一切无妄之灾的一种补偿。

现在的我与当初就这些重要问题下定决心时相比，既没有更加明智，也没有更加博闻多识，没有更诚心诚意。当时的我，对于今日烦扰自己的这些反对意见，就有着清晰的认识，它们没能吓唬住我。而今如果说出现了一些预料之外的新困惑，也不过是些形而上学者们狡猾的诡辩，与那些从古至今为各个民族、所有智者所接受和认可并牢牢深入人心的永恒真理相比，其重要性远远不及。我在思索这些问题之时就已经意识到：人类的理解力受到感官的限制，因而无法完全理解这一切。因此我只思考在自身能力范围之内的东西，未曾尝试去理解其他超越自己能力的一切，这种做法非常合理，过去我就是这样做的，也得到了自己内心与理性的认可，并坚持了下来。如今有如此众多强大的动机促使我继续坚持，我又有何理由要放弃这种做法呢？坚持它，会有什么危险？改变它，于我又能有何益处？

倘若我要采纳迫害者们的学说，我是否也应该采用他们的道德标准呢？他们中的一些人，道德标准飘浮不定又毫无益处，要么在书中用华丽的辞藻大书特书，要么在剧本里虚张声势，却从未为他们自己的内心和理性所接受。他们中还有一些人，道德标准残忍又神秘，对圈外人来说，就像是一副面具，接受了这套隐秘学说的圈内人，则以此来指导其行为，还巧妙地用在我身上，让我付出了代价。此种道德观纯属进攻性质，对自我防御毫无益处，只适合攻击他人。他们已使我落魄于此，这种道德于我又有何用？在苦难之中，我相信自己的清白，这给了我唯一的力量。如果我自己都将这唯一强大的精神支柱抛弃，还对其怀有敌意，那么我必定更加苦难不堪！倘若我有他们一样的作恶手段，并且真的那样做了，那么我对他们的伤害又对我有何益处呢？我只会失去自尊，毫无收获。

经过如此这般自我辩论，我坚持了自己的原则，不为那些似是而非的论述与难于解决的质疑和困惑所动摇，后者已超越我的能力范围，也许也超越了人类智慧。我自己的思想，建立于我能提供的最牢固基础之上，并且已经习惯于在良知的庇护下保持稳定。任何外部的学说，无论新旧，片刻都不会再扰乱我的宁静。如今我的思想已然倦怠，我已经忘却了作为自己信仰和原则之基础的那些论证，但我永远不会忘却从中得出的那些结论——我自己的良知与理智都认可了它们，也因此永远都不会放弃我的那些结论。就让那些哲学家都来诡辩反对吧，他们只会浪费时间、自找麻烦而已。余生之中，在一切问题上，我都会牢牢坚持自己在拥有更强的判断力时所采纳的那些观点。

如此一来，我的心境变得无忧无虑，不仅感到自我满足，还获得了我在当前境况下所需的希望与慰藉。长期又彻底的退隐生活本身就是忧郁的，而整个这一代人，又始终不间断地挑起敌意，不断对我进行羞辱。这一切不时出现，无可避免地让我心情沮丧。我的心也会偶尔再度出现动摇、忧虑、疑惑等烦恼，让人愁眉紧锁。这时，既然自己已无力再通过必要的思考过程来解决疑虑，那么我就有必要唤醒以往的结论了。当我回想起之前为了得出这些结论，不辞辛劳付出了那么多的心思与诚意，我的信心也就全部回来了，因此一切新的念头都被我视为致命的错误，从而被我拒绝。以我看来，它们不过只是有着与真理似是而非的外表，仅仅为我宁静的内心平添烦恼而已。

这样一来，我就将自己局限于以往知识的狭窄范围之中了，所以我并不像梭伦那样好运，可以在年岁渐长的同时勤学不辍。事实上，我还必须抑制住自己的危险野心，不去学习自己已不再能够正确理解的知识。不过纵然我已不能再希望获得更多有益的知识，但仍然有很大的空间可以提升自己的美德，这对我当前的生活境况是必要的。此时丰富和装饰我们灵魂的时候到了，并且用来丰富和装饰灵魂的东西，能在我们摆脱那阻碍与蒙蔽灵魂的躯体之时，被我们一并带走。那时灵魂就能面对面观察到真理，最终认识到我们的冒牌哲学家们所自负的那些知识毫无价值，并且还会后悔曾浪费了那么多时间，去试图在人生之中获取那些知识。只有坚忍、善良、顺从、正直、公正无私，这些才是我们可以带走的东西。我们可以不断积累，不用担心死亡会从我们身上夺走它们的价值。这一项有用的研究，也正是我在余生的年迈时光中要致力之事。要在离开此生时更加美好，是不可能之事，但是倘若经过自我的提升，我能在离开此生时，比来到此生时的品德更加高尚，我也就欣慰了。

漫步遐思四

如今的我，仍在间或阅读一些书籍，但只是来自少数几位作者的作品。而其中，普鲁塔克[①]则是我的最爱，我从他那里的收获也最大。童年时代，我最初接触的读物就是普鲁塔克的著作，而我年迈之时最后阅读的一本书，也必定会是他的作品，也几乎只有拜读普鲁塔克的作品，从未让我感觉毫无收获。两天前，我就阅读了他的一篇短文《如何从敌人那里受益》，收录于其《道德论丛》之中。就在同一天，我在整理一些作者寄给我的小册子时，偶然翻看到罗其耶院长所编的一卷《物理学期刊》。他在书的扉页上写下了这样一行文字："致献身真理之人——罗其耶。"这些绅士的此类伎俩，我再也熟悉不过了，我绝不会上当受骗，他的这行文字，表面上是在夸奖我，其实我知道，那不过是一种辛酸的嘲讽罢了。然而，这缘何而起呢？为何要如此挖苦我？为何被挖苦的人是我？既然，杰出的普鲁塔克对此早有经验，所以我也想借此机会有所收获。因此我决定第二天散步时，对谎言这个话题进行一次自我审视。刚一开始时，我就怀着另一种坚定的信念：德尔斐的阿波罗神庙上那行"认识你自己"的箴言，并不如我在《忏悔录》中认为的那样容易做到。

---

① 普鲁塔克（约46—120），罗马帝国时代的希腊作家、哲学家、历史学家，以《比较列传》（又称《希腊罗马名人传》或《希腊罗马英豪列传》）一书闻名后世。卢梭在《忏悔录》中对这一阅读有过描述。

次日，我便将计划付诸行动。反思的第一件事，便是自己少年时代说过的一次严重的谎言[①]，关于这个谎言的记忆一直折磨了我一生。纵然到了此刻，我已步入花甲之年，这记忆仍旧在为我本已备受折磨的心灵增添悲痛。

这个谎言本身，就已是极大的罪过，而其造成的后果，无疑更加深了这种罪恶。我对其后果并不知晓，但出于悔恨之心，我想象了其可能造成的各种严重后果。然而，只要仔细分析一下我当时的心理状态便知，我当时撒谎，仅仅是出于一种不明智的羞耻感，绝无任何伤害那位女孩之心，尽管她最终成了受害者。我可以对天发誓，如果当时我能远离这种自己无法抗拒的羞耻感，即使那一刻我要付出生命的鲜血，独自承受打击，我也会乐意。那一刻我实际上的所作所为既不负责任，也极为愚蠢。我当时的做法大概只能这样解释：我天生怯懦，并且当时，这种怯懦压制了我内心的一切愿望。

这一可悲可叹的行为留在了我的记忆之中，并且我也一直对自己的这一行为深感愧疚。这种记忆与愧疚，使我对谎言有了恐惧之心，本应让我在余生之中，心中远离此种恶念。我选择自己的座右铭（“献身于真理”）时，我感觉自己是有权拥有它的，而且当我读到罗其耶院长的提示，决定要对自己进行更加严肃的自我审视之时，我也毫不怀疑，我没有辜负自己的这条座右铭。

但是当我对自己的人生进行仔细回顾之后，我惊讶地回想起来，

---

① 此处应指是卢梭少年时诬陷女佣玛丽恩之事，他在《忏悔录》第一部第二章进行了相关描述。

有那么多自己杜撰出来的事情，我却当成真事讲给别人，而且讲的时候，自己心中还充满着热爱真理的自豪之情，感觉自己为了热爱真理而牺牲了自身的安全和最佳利益，牺牲了自我，其大公无私，简直举世无双。

最使我诧异的，还是在回想这些编造的谎言时，自己并不真正觉得懊悔。我是一个视谎言带来的恐惧超出其他一切情感之人，情愿自己遭受折磨，也不愿意撒谎，而且在过去五十余年中，我一直承受着对那次谎言的愧疚之折磨。然而如此奇怪、如此矛盾的是，我竟在无人胁迫且无任何好处的情况下，愉快地撒谎，更难以置信的是，我那样做为何竟无一丝丝愧疚？我从未试图要怙恶不悛，我一直忠实于自己道德感的指导，心中的良知也正直如初。纵然其有可能为我自身的利益所诱惑和左右，但我在面对一些情绪激动的情况，本可以懦弱作为借口时，却仍然保持了坚定不动摇，那么为何在一些鸡毛蒜皮的小事上，没有任何缺点可以当借口时，却失去了正直？我意识到，如何解决这个疑问，将决定着我怎样正确评判自己在这方面的行为。经过认真思索，我得出了以下结论。

记得在一些哲学书中，我曾读到过：撒谎就是将本应公开的真相隐藏起来。根据此定义，可以顺理成章认为：将没有义务公开的真相隐藏起来，不算撒谎。然而在后一种情况下，如果某人不仅没有说出真相，而且说出的内容还与真相相反，那么算不算撒谎呢？按照上述定义，此种做法也不能算是撒谎，如同一个人在并不欠他人钱的情况下给了他人假币，此种情况下的确算是欺骗，但并非偷窃。

此处，我们需要审视两个同等重要的问题。问题一：既然我们并非总是有义务讲真话，那么应该何时、以何种方式讲真话？问题二：有没有一些情况，人们可以不受指责地欺骗他人？当然，第二个问题人人都知道如何回答：书本上的答案是否定的，因为书中的道德观再怎么严格，书的作者也不用为之付出任何代价；而在现实生活中，对这个问题的答案却是肯定的，因为人们把书本上的道德观仅仅视为无聊且不切实际的闲话罢了。如此，就让我忽略这些相互矛盾的权威人士，用自己的原则来找寻自己对这些问题的答案吧。

从一般和抽象的意义上说，真理是我们最珍贵的财富。离开了真理，人类就会变得盲目，因为真理是理智的眼睛。人们借助真理，学会规范自己的行为，学会生活，学会做事，以及学会为自己的真正目标而奋斗。然而从具体或个体的角度来看，真理又并非总是好事。有时真理还会有害，而更多时候真理无所谓好坏。一个人需要了解之事以及为了获得幸福所必需之知识，也许为数并不多。然而无论数量多寡，这些都是人们有权永远拥有的合法财产，而且它们是一种公共财产，分享给他人也不会给施予者造成任何损失。但如果他人将其藏匿，就是一种罪恶的抢劫行为。

至于那些并无实用价值或教育意义的真理，既然它们连有价值的财富都算不上，又如何能成为欠债呢？既然财产仅仅建立在有用性的基础之上，那么没有任何用处的事物也就不成为财产。有人也许会声称拥有一块贫瘠的土地，因为这样一块土地至少还可以当成住所。然而一条既琐碎又无价值且无关紧要的信息，其真假与否，无人会在意。道德秩序之中，如同在物质秩序中一样，没有无用之物，没有人会因一无是处之物而亏欠其他任何人，我们亏欠他人的，总归会具有实际用途或潜在用途，因此人们有义务告知他人的真理，必定与公平正义有关。如果将真理的神圣之名，用在大众普遍不关心的琐事与完全无用的知识之上，则是对真理的亵渎。因此无任何用处的真理，绝不会成为我们亏欠他人之物，继而对其进行隐瞒或掩饰，也就算不得撒谎。

但是这世间真有如此完全无用的真理，从任何角度看都彻头彻尾毫无益处吗？这个问题又有所不同了，我之后会再来讨论。现在先让我们思考刚才提的第二个问题。

不说出真相，与说出不真实之事，这两种做法差异巨大，但其影响可能会相同——只要其影响为零，其造成的后果就确实完全相同。如果某个真相涉及的事实无关紧要，与其相反的错误也就同样无关紧要。因此通过告知与该真相相反的情况去欺骗他人，并不比隐瞒真相的欺骗行为更应受指责，原因就是如果该真相本身无关紧要，则错误并不比无知更糟糕。例如，无论我认为海底的沙砾是红色还是白色，还是我对其颜色一无所知都一样无关紧要。既然公正与否完全取决于对他人造成的伤害，那么如果不会对他人造成伤害，又谈何不公正呢？

然而这些匆匆获得的问题答案，尚不能为我提供确切的实践性指导，还必须进行大量的预备解释工作，才能恰当地将其运用于可能出现的情况之中。如果说是否有义务说出真相，完全取决于其有用性，那么我又如何能自命来为这种有用性进行评判呢？许多时候一个人获益，则意味着他人受损，而个人利益又几乎总是与公众利益发生冲突。凡此种种情形之下，我们该何去何从？我们该牺牲不在场之人的利益，来照顾正与我们谈话之人的利益吗？如果某种真相让一人受益，他人受损，那么我们是该透露还是不透露？我们在这方面的义务，该如何衡量？是单以公众利益为准绳，还是只考虑分配正义？我如何能够确保自己对问题的各个方面了如指掌，能完全按照公正的规则，来透露我的信息？此外当我在考虑我自己对他人应尽的义务时，我又是否充分考虑了我自己对我自己的义务呢？如果我欺骗邻居时没有伤害到他，是不是也就没有伤害到自己？是不是只要不造成不公正，就足以活得问心无愧？

如此众多又纷乱的问题！要解决它们，其实也容易，只需要说："无论发生什么情况，都让我们做到真实坦率。公平正义天生就存在于真相之中。当我们将不真实的东西奉为信仰或行动的准则，谎言就意味着邪恶，而谬误就意味着欺骗。无论真相会带来何种后果，我们宣布真相总是无罪的，因为我们并未在其中掺杂自己的东西。"

这样的回答看似快刀斩乱麻，却未能解决问题，我们所讨论的，不是永远都讲出真相好不好，而是人们是否有义务一直如此。根据这里所讨论的定义，事实并非如此。那么如何区分哪些情形之下我们绝对有必要讲出真相，而哪些情形之下，我们可以不讲出真相又不会造成不公正，不说出谎言又可以隐藏真相？根据我的发现，后者中的这类情形的确是存在的，因此我们需要找到的，是用于了解并确定这些情形的可靠规则。

可是这样的规则何处能够找到？又有何证据能够证明它绝对正确？这样的一些道德问题总是极为棘手。每每遭遇它们时，我都发现，最佳的策略就是靠良知的呼唤作为指引，而不是借助理性之光。

我的道德本能从未曾欺骗过我，在我内心之中，它一直都保持着纯洁，足以让我信任。如果说我的行为之中，这种道德本能有时还会为激情所左右，但是在我的回忆之中，它恢复权威并无任何困难。也正是在这种情况下，我对自己进行了严厉的评判，其严厉程度，也许可以与自己离世之后接受那最高审判官的评判相媲美。

如果依据话语所产生的影响，来对人们的话语进行评判，也常常会发生误判。因为这些影响往往不够清楚，难以轻易查明，而且人们的这些话语内容五花八门，所处情景也纷繁复杂。其善意或恶意程度，只能通过说出这些话语之人的意图来衡量与确定，只有意在欺骗他人之时，虚假的话才算是谎言，甚至连欺骗他人这种意图，也远非一成不变地就是有意要伤害他人，事实上，其动机往往正好相反。不过谎言要无害，只是没有蓄意伤害他人的意图尚还不够；我们还必须确定，我们告诉朋友的谬误之辞，不会以任何方式伤害他们或其他人。能对此确定的情形是极为稀少的，故而完全无害的谎言亦是寥若晨星。为自己的私利而撒谎，属于蒙骗行为；为给他人带去好处而撒谎，属于欺诈行为；而为伤害他人而撒谎，则是诋毁中伤，这也是最恶劣的一种谎言。既不给自己或他人带来好处，也不造成伤害，这样的谎言算不上谎言，这种假话就是虚构。

具有道德目的之虚构，就是寓言故事了。寓言仅仅旨在以取悦感官的形式，展示有益的真理，其中几乎毫无任何隐瞒虚构事实的企图，因为那些不过只是乔装打扮的真相罢了。所以，仅仅把寓言当成寓言来讲述之人，绝不是撒谎者。

也有一些虚构的东西，并无什么目的。大部分的故事与小说均属于此类，它们并无真正的教育意义，其目的仅仅是供人娱乐而已。此类并无任何道德价值的虚构故事，只能以故事讲述者的意图来进行评判——如果讲述者将其当成真实的事实来讲述，则无疑就是谎言了。纵然如此，又有谁人曾为此类谎言而良心备受折磨？又有谁人严厉谴责过此类故事的讲述者？比如，如果说《格尼多斯神庙》[①]这本书原本包含一些道德教训，但作者的这种意图，也被书中那些放荡的细节描写和色情形象给严重玷污和遮掩了，那么这位作者又做了些什么，来为其作品进行庄重的掩饰呢？他佯称此书译自一部希腊语原稿，并煞有介事地描述了这部原稿的发现过程，为的就是蒙蔽其读者，要让他们相信其描述的真实性。如果连这都不能确切地算作谎言，那么我想知道谎言一词究竟意味着什么。然而又有谁人曾幻想过，要拿着这本书控诉作者的罪行，并因此而认定其是一个骗子？

也许有人会徒劳地为此辩护：这不过只是一个笑话，虽然作者的确如此声称，但他并无意要试图说服任何人，也没有实际说服任何人；公众也从未有一刻曾质疑过，他本人就是这部所谓希腊语作品的作者，尽管他声称自己只是一名译者。

对此，我的回答是：如此无意义的玩笑，只是徒显其幼稚而已。撒谎者未能让别人相信，但也仍然是撒谎者。我们必须区分的是：有些公众接受过良好教育，但也有为数众多的读者天真单纯，容易轻信他人。后者会为这位严肃作者表面上的诚意所欺骗，真诚地相信这个

① 18世纪法国启蒙思想家孟德斯鸠于1725年匿名发表的散文体诗歌集，作者在序言中说明了作品的主旨“我们的幸福是因了心中的情感，而不是感官的愉悦”。

原稿的故事。对于装在看起来像是古代高脚杯中的毒药，他们会不加怀疑地一饮而尽，而如果盛在更为现代的杯子中献给他们，他们至少还是会有所警觉的。

无论这种区别是否在书本中存在，凡是对自己诚实，且不允许自己作出任何遭受自己良心谴责之事的人，都绝对应该关注这一点。因为为了自己的利益而撒谎，与伤害他人的谎言一样，同样都是谎言，尽管前者遭受的责难更少。将某种好处给予不应得之人，亦是扭曲公平秩序。将值得赞许或责备的行为，虚假地归功或归咎于自己或他人，无论是宣称无辜，还是认罪，都是不公正的行为。任何东西，只要违背真相且妨碍公平正义均为谎言，这是我们不能逾越的一条红线。不过，任何东西，即使违背真相，但丝毫不影响公平正义，就仅仅属于虚构。不得不承认，如果有人仅仅因为虚构就责备自己撒谎，那他的良知就真是比我还敏感。

所谓善意的谎言，也是真正的谎言。因为无论为了自身的利益，还是为了他人的利益，这种欺骗行为与损害他人利益的欺骗行为相比，并没有更公正。只要涉及真实存在的人物，虚假的赞扬或责难都算是撒谎。如果只是想象中的人物，则可以畅所欲言，只要不对其虚构事实的道德教训进行错误评判即可。在后者这种情况下，即使没有在事实上撒谎，却违背了道德的真相，而道德的真相比事实的真相重要性大得多。

我还见过这样一些被世人称为讲真话之人：这些人所讲的真话，局限于在琐碎的对话中作如实的描述，比如，具体的时间、地点、人物姓名，从不添油加醋。只要不涉及自身的利益，这些人讲述事情时一丝不苟、从不说谎，然而一旦谈话之中涉及他们自身，或讲述与自身直接相关之事，他们便会使用花言巧语，以对自身最有利的方式来进行呈现。如果撒谎对其有利，即使不自己亲口说出谎言，他们也会绞尽脑汁说一些似是而非的话，让他人相信，并且自己不对此承担任何责任。这些正是他们在谨慎之下作出的行为。再会吧，真实。

我认为的诚实之人，其言行举止正好截然相反。对待那些完全无关紧要的真相，虽然他人一丝不苟拘泥于其中，但他却丝毫不在意。面对聚会的人群，他可以杜撰一些故事，但不会造成对任何在世或已离世之人或褒或贬的不公正评判，因此也不会对此感到良心上的不安。

但是那些背离真相和公正去偏袒或歧视任何人，或赞赏、表扬或贬低、责难任何人的谎言，他绝对不会想，不会说，也不会写。纵然有损自身的利益，他也会保持绝对真实，虽然他对闲聊之中的真实性并不在意。他的诚实表现在，他不欺骗任何人，对赞扬或伤害自己的事实都说真话，绝不为自身目的或伤害敌人而欺骗他人。我心目中的诚实之人，与他人的差别之处就在于：他人对于自己不用付出任何代价的真相，严格地保持真诚，而我心目中的诚实之人，只有在为了诚实而要牺牲自己利益时，才彰显出其对真相的无比诚实。

然而话虽如此，一个人如何能够如我所述，同时平衡这种散漫与对真理的热爱？既然这种热爱掺杂了其他成分，那么它是虚伪的爱吗？不是，这种热爱是纯洁的，无瑕的。它散发出的只有对公平正义的热爱。尽管它常常别出心裁，但总是竭力避免虚假。于这种人而言，“公正”与“真理”是一对同义词，可以互换使用。他内心所尊崇的神圣真理，并非在于那些细枝末节的琐事与无关紧要的名字，而是要在真正关系到他人时，真诚地公平对待每个人，无论是好名声还是坏名声，是荣耀还是耻辱，是赞扬还是责备。他不会以他人为代价进行欺骗，因为自身的正义感就不允许他这样做，而且他也没有不公正伤害他人的愿望。他也不会为了给自己获得好处而进行欺骗，因为自身的良知禁止他这样做，也不会将他人之物挪为己用。这样的人最珍视的便是自己的自尊，这也是其最宝贵的财富，如果要以自己的自尊为代价，换取他人的尊敬，对这样的人而言，将是重大的损失。因此，这样的人对无关痛痒之琐事，会偶尔撒谎而不觉不安，也不会视其为谎言，但是绝对不会为了影响自己或他人的利益而撒谎。在史实的真实性上，在任何与人类行为、公平正义、人际交往或有益知识相关的东西上，他会为了自己与朋友，竭尽自己的全力，与谬误作斗争。关于其他一切事情，在他的眼中，并没有谎言。如果《格尼多斯神庙》算是一部有益的作品，那么希腊语原稿的故事充其量只是一个无害的虚拟，然而如果这部作品有害，则这个谎言也应当受到谴责。

以上这些，就是我关于真相与谎言的良知准则。刚开始，我的内心无意识地追随了这些准则，之后又通过理性进一步采纳，而道德本能，又独自向我展示了如何运用这些准则。自己早年时的那个罪恶的谎言使可怜的玛丽恩成了受害者，也让我留下了永远的悔恨，这份悔恨让我在余生之中，不仅远离了一切此类谎言，更使我杜绝了所有可能会对他人的利益与名声造成伤害的一切谎言。有了这种施加给自己的普遍禁令，我便无须再对具体情形的对错进行权衡，不必非得在有害谎言与善意谎言之间划分明确的界限，我认为它们都应一律受到谴责，因此都同样地进行回避。

在这一方面，如同我在其他事情上一样，我天生的性情，对我坚持的原则，或者准确地说，对我的习惯，产生了巨大的影响。我个人的所作所为，几乎从未按照什么准则，或者说，只遵从随性而为的准则。我的脑海之中，从未预先策划过任何谎言，我也从未为了自己的个人利益而撒过谎。但是我确曾常常出于羞愧而撒谎，为的是避免在一些琐事或仅关乎我本人的事情上出现尴尬。比如，为了与人交谈时有话可说，因为我思维迟钝，又不善闲谈，就曾不得不虚构一些话来说。当我不得不讲话，脑海中又没有及时出现有趣的真事时，为了避免冷场，我会杜撰一些故事。但是编故事时我会尽可能小心翼翼，避免违背公平正义，也避免在有义务告知他人的事情上撒谎，所以我虚构之事都是一些于自己和他人同样无关紧要之事。同时我会自然而然地偏爱道德真相，而非事实真相。换句话说，我会真实地描绘人类心灵中的自然情感，并从我的故事之中汲取一些有益的教训，就如同道德故事和寓言一般。不过这需要才思敏捷，口齿伶俐，才能让闲聊变得如此有教育意义，而我则还缺乏这些才能。与人交谈时，往往谈话速度都快于我的思维速度，因此我不得不未经思考就脱口而出。这样一来，我常常说出一些愚蠢荒谬之词，就当我还未说完这些话语时，我的理性就开始发出谴责，内心也表示否认，但是它们的确已经在我进行判断之前就出口，也因此躲过了判断力的指责。

也正是出于这种无法抗拒的本能反应，当出现一些令我措手不及之事时，我常常会因羞愧与胆怯的驱使，迫于马上要给出答复的压力，而说出一些并非出于本人意愿的谎言。这些谎言往往都先于我的意愿而从我的口中冒出。有了早年那位可怜的玛丽恩给我留下的深刻记忆，我能够不说出任何损害他人的谎言，但是那些只涉及我本人并且能帮我挽回面子的谎言，却不在其中。不过这些谎言与影响他人生活的谎言一样，都违背了我的良知与原则。

我对天发誓：如果能够立马收回之前用于给自己脱罪的谎言，说出自己有罪的真相，但却能不因这一收回谎言的行为进一步玷污自己的名声，那么我肯定会全心全意地这样做。然而担心这一行为被发现可能带来的羞耻感，又进一步成了为我要诚实的绊脚石。如此，虽然我真诚地忏悔，却没有勇气进行弥补。我下面将举一个例子，它能更好地解释我所言之意，并且能够表明，我并非出于个人利益或自爱而撒谎，更非出于妒忌或恶意，而仅仅是因为尴尬和不明智的羞耻感。说出这种谎言时，我经常都明白，这种谎言太容易被识破，对自己并无益处。

不久前，福尔基耶先生说动了我，让我一改平时的惯例，答应和他及他的朋友伯努瓦一起，在瓦卡辛夫人的餐厅参加户外聚餐。用餐时，女主人及其两位女儿也和我们在一起。其中，那位大女儿才刚新婚不久，正怀有身孕，但在席间，她却忽然死死盯着我，询问我是否有孩子。顿时，我满脸通红，对她答复说，我还没有那个福气。她不怀好意地看着在座的其他人笑了起来，这一切，甚至对我也毫不隐晦。

这件事情一开始就非常清楚，即使我曾有意欺骗他们，但那也绝非我应该给出的答案。从发问的那位年轻女士当时的心情来看，我极为肯定的是，我的任何否定答案都改变不了她对这一话题的想法。她一开始就盼着我给出否定的答复。事实上，她是在挑起话题，为的就是让我撒谎，并从中取乐，我虽愚笨，但还不至于理解不到这一点。两分钟之后，我脑海中忽然出现了我应该给出的回答：“作为一位年轻女士，向一位一直单身到老年的男人提如此的问题，显得有些轻率吧。”这样的回答，既没有撒谎，也没有尴尬地承认，反而能让我对她进行嘲笑，借机给她一点小教训，还能自然而然地让她不再那么想问我一些粗鲁的问题。然而我并未那样做，没有把该说的话说出来，只把不该说的讲出来了，所以对我没有丝毫帮助。因此可以肯定，我之前那样的答复，并非出于我本人的判断力或意志，而是在面对尴尬时的自然反应。曾经有一段时间，我也不会感到尴尬，很少觉得羞耻，能够更加坦诚地承认错误，因为当时我相信，别人都会像我一样，能看到自己知错就改的内心品质。然而恶毒的眼光伤害了我，使我惊慌失措，由此，我对自己的不幸更加战战兢兢，也常常出于胆怯而说出谎言。

当我在撰写《忏悔录》的时候，我感受到了自己天生对谎言的反感，而且比以前任何时候都要强烈。因为在写作那本书时，如果我内心稍微动摇，就会向谎言的强烈诱惑屈服。然而我不但一点都没有为了自己的利益去隐瞒或伪装任何事情，反而出于某种我无法理解的奇怪巧合，也许是由于对各类模仿行为的厌恶吧，我觉得自己更愿意在另一个极端犯错，那就是，我不仅没有太过宽容地原谅自己，反而太过严厉地谴责自己。我的良知肯定地告诉我：有朝一日，人们对我的评价，会比我自己所做的自我评价，更为宽容。是的，我可以带着对自己这项成就的自豪感宣布：在这部作品中，我的诚恳、真实与坦率，不逊于，甚至在我看来，超越了其他任何世人。我认为善胜于恶，因此我也乐意说出全部真相，而我也是这样做的。

关于真相，我从未少说，有时还会说过头，不过不是杜撰事实，而是关于事情发生时的相关状况。这种谎言源自狂野的想象力，而非出于意愿。如此称其为谎言，其实也不对，因为它们不过是一些言语的润色，而不是真正的谎言。我创作《忏悔录》时，早已步入老年，对于生活中那些虚无的乐趣早已不再抱什么幻想。那些虚无缥缈的东西，我早已经尝过滋味，内心之中也体会过其空虚乏味。那时我凭着记忆进行写作，不过常常有一些东西想不起来或者记不完整了，于是，那些记忆中残缺的细节，我就用自己的想象去弥补，但是绝不会和记得的事情发生冲突。对那些一个又一个的幸福瞬间进行详细描述时，我乐在其中，而有些特别喜爱但又有遗憾之处，我还会对其进行一些点缀和润色。那些我早已遗忘的事情，我会按照它们在自己想象中的样子来描述，也许它们还真的曾经是那样，而且绝不会与我还记得的事情产生矛盾。有时我也会为一些真相锦上添花，但是绝不会以谎言来减少自己的缺点，也不会以此给自己脸上贴金。

如果说有时候因为我展示的是自己的某些侧面，而无意中隐藏了一些自己的缺点，那么，这种疏忽也早被另一些更奇怪的疏忽弥补了。因为，与隐藏自己的缺点相比，我常常更加谨慎地隐藏自己的优点，而这也正是我本性之中的一种怪癖。这种怪癖听起来难以置信，如果有人不相信，我也可以理解，但是它确实是真实存在的。对于坏事，我常常不遗余力地进行全方位展示，但对于好事，我却极少绘声绘色地加以描述，常常都是把它们彻底忽略。这样做为的是不给自己增添过多的荣誉，免得别人误以为我是借助写《忏悔录》来给自己唱赞歌。记述自己早年生活时，我从未自夸那些我与生俱来的美好品质。事实上，那些事情我常常都故意隐瞒，以免显得太过高调。下面，我就来回忆两件我青少年时期的故事。这些事情，我在之前写作时都历历在目，只是因为上面所述的原因，我故意只字未提。

曾经有一段时间，我几乎每个星期天都在帕奎斯一位叫法齐的先生家中度过，他的妻子是我的一位姨妈，在那里经营一家印花棉布厂。有一天，我走进了放置有轧光机的烘燥室里，瞧见了轧光机的轧光辊。它们那亮闪闪的外观吸引了我的眼球，于是我伸出手指去触摸它们，愉快地用双手上下抚摸那光滑的滚筒。而法齐先生的儿子，早就钻进了轮子里，就在我抚摸之时，他稍微转动了一下轮子，恰好夹住了我最长的两根手指，其力度刚好夹碎我的指尖，两片指甲也掉落了下来。于是我发出了一声尖叫，而小法齐也惊慌地发出叫声，钻出轮子，一把将我身子抱住，央求我别叫喊，并说，要是别人听到他就完了。虽然那时我疼痛得特别厉害，还是为他的这一举动所感动，于是我不再叫喊，和他一起走到了鱼塘边，就在那里，小法齐帮我洗净双手，并用苔藓为我止血，他双眼噙满泪水，哀求我别把他这件事说出去。我答应了，而且极其信守承诺，尽管我这两只手指永远留下了伤痕，但后来的二十多年都没有人知道是怎么回事。因为这件事，我卧病在床三个多星期，而且，一连两个多月都无法用手做事。我只是三番五次对别人说，有一块大石头砸碎了我的手指。

宽宏大量的谎言呀！

何时还有比你更美的真相，能让我更加热爱？

然而，这次意外也给我带来了许多烦恼。因为发生意外的那段时间，正值所有公民应该参加军事训练之际，我和另外三位同龄男孩之前已经组好了队，计划穿着统一服装一起参加我所在地区的训练。当我卧病在床，听着三位伙伴与其他人伴着鼓声经过我窗下时，我甚是难过。

我的另一个故事也与此类似，只是发生较晚一些，我年龄已更大了一点。那一次，我在普兰帕拉斯，和一位名叫普林斯的朋友一起玩铁圈球游戏。但是，游戏之中，我们俩起了争执，然后打了起来。他用球槌朝我的光头上重重打过来，瞄得还特别准，如果当时他再用力一些，估计我整个头颅都会被打碎，我瞬间就倒地了。看到我头发上血流如注，这个可怜的家伙也感觉极为痛苦，那种痛苦的表情，我之前在一生之中都未曾见过。他认为我被他杀死了，然后，他马上冲过来搂住我，拥抱我，还痛哭流涕，不断发出声声尖叫。而我，在惊慌失措之中，也用尽全力抱着他，并流下了眼泪。这种感觉也并非完全让人讨厌。我的鲜血一直在流淌。后来他开始给我止血，然后发现我们两人的手帕加起来都不够用，于是便把我带到他母亲那里。他母亲的小花园离那里很近。他的母亲是位好心的女士，看到我那副模样，几乎晕倒了过去。不过她还是努力保持住了足够的自制力，开始给我处理伤口。她先是洗净了我的伤口，然后用浸泡过酒精的百合花进行处理，泡过酒的百合花，在当时的日内瓦是一种广泛使用的有效外伤药。这位女士和她儿子的眼泪深深打动了我，之后很长一段时间，我都视这位女士如母亲一般，把她的儿子视为兄弟。只是后来我们慢慢失去了联系，最后在记忆中也遗忘了。

与上一件意外一样，这一次意外事件我也极少提及。发生在我身上的这类事情还有许多，我压根儿就没想过在《忏悔录》中提起它们。在那本书中，我也没有想过要努力展示自己内心的善良，是的，我从未想过。有时我杜撰出一些虚构的事实时，往往都是针对一些无关紧要的琐事，而且主要是为了没话找话说，或是为了写作上的乐趣，而很少是为了照顾自己的利益，或为了照顾或损害他人的利益而为。如果有人不带偏见地阅读过本人的《忏悔录》（如果有人这样做过的话），应该就能认识到：我在书中透露的那些行为，都是承认起来会感觉丢脸和痛苦之事，而并非不那么丢脸、但的确更应谴责之事。后面这种事，我从未做过，也就不用承认。

基于上述种种反思可知，我所坚信的真实，主要是依据正直感与公正感，而非事实无误，而我的各种行为，主要依靠的是自己的良知作为道德指引，而非真相与谎言这种抽象概念。我常常编故事，但极少撒谎，我坚持着这些原则，因而也就容易遭受别人的攻击，但我从未伤害过任何人，也从未要求获得不属于自己的东西。于我而言，也只有这种真实，才能被称为美德。如果从其他任何角度审视，它就只是一个形而上学之物，既无益处，亦无害处。

即便如此，我内心之中，对于上述区分仍不够确定，不能确定自己完全毫无过错。我仔细思量了对别人的义务，但我足够重视对自己的义务了吗？如果说我们的行为要对别人公正，那么我们对自己也必须诚实。真诚也展示出正直之人对自己的尊重。之前为了避免闲谈之中冷场的尴尬，我不得不虚构一些无害的故事，这种做法也是错误的，人不能为了取悦他人而贬低自己。而当自己在写作之中，为了给真实的事情锦上添花而杜撰一些内容时，那种做法的错误就更加严重。原因则是用虚构的故事装点真相，也就是歪曲真相。

然而使我最无法原谅的，还是我所选择的座右铭。这条座右铭，迫使我要比常人更加小心翼翼地对待真相，而且为了坚持真相，往往光牺牲自己的利益与欲望都还不够，我还必须要能够克服自己的缺点与怯懦。此外我还必须要能够有足够的勇气与力量，在任何情况下都坚持真相；我的嘴巴与笔头，都必须对真相特别执着，绝不允许虚构任何内容。这一切，我本应该在自己选择这条光荣的座右铭时就告诫自己，而且当自己有足够的胆量坚持时，应该不断地重复给自己听。我曾经撒下的谎言从未出于欺诈，往往都是出于自己的弱点，但这样的辩护过于无力。当一个人内心软弱，至多也就能不作恶，但如果还要声称自己具备优秀的美德，就属于傲慢自负与胆大妄为了。

上述这一切的反思，如果没有罗其耶院长的提示，也许永远都不会进入我的脑海之中。毋庸置疑，要利用这些反思的成果已为时过晚，但至少我尚有时间纠正自己的判断，也能够调整自己的意愿，这一切仍在我的能力范围之内。在这件事情上，以及在类似的其他事情上，梭伦的那句格言对任何年纪的人都适用。在智慧、诚实、谦虚以及不自以为是这些方面，我们可以活到老学到老，甚至可以从敌人那里学习。

漫步遐思五

我曾经在不少地方生活过（其中也有一些地方充满魅力），但只有位于比尔湖中的圣皮埃尔岛，最让我感受到了真正的幸福，让我留下了最缱绻的遗憾。纳沙泰尔人称这座小岛为“小丛林岛”，即使在瑞士，这座岛也鲜为人知，据我所知，尚未有任何旅行家提及过它。然而，对于想过世外桃源生活的人而言，这座岛却极为讨人喜欢，其绝佳的地理位置正好能给这样的人带来幸福。即使我可能是唯一经命运安排而过上此种生活之人，我也无法相信自己是唯一天生拥有此种兴致之人，不过我到现在为止，确实尚未偶遇过有如此兴致的其他人。

与日内瓦湖的湖畔相比，比尔湖的湖畔更加原始，也更加浪漫。比尔湖的岩石与树林更靠近水面，但其迷人之处并不因此而逊色。这里也许少了一些耕地和葡萄园，少了一些城镇与房屋，但多了一些天然的绿色植物，多了一些草地以及丛林掩映下的隐蔽之所。这里的风景也更加频繁地发生巨大的变化。这些旖旎的湖畔，尚无马车通行的大道，因此这一地区几乎没有什么游客到来。然而，那些喜欢独自幻想的人们，如果钟情于对自然之美的沉思，并且喜爱在寂静之中冥想，则这些湖畔就很有吸引力。点缀着这种寂静的，只有老鹰的鸣叫声、鸟儿的偶尔歌唱，以及从山间如瀑布般倾泻而下的溪流声。在这片大致成环形的美丽水域中央，露出了两座小岛。其中一座有人居住和耕作，周长有两三公里，而另一座更小一些的岛则无人居住，也无人开垦。小岛上的泥土不断被搬走，用于修补与其相邻的大岛上被水浪和风暴侵蚀之处，因此，总有一天，这座小岛会被蚕食一空。这其中的本质，正是劫贫济富呀。

整座岛上只有一座房屋，但面积较大，宽敞舒适。同这座岛一样，这座房屋也同样属于伯尔尼医院，而居住于此的，则是一位管理员和他的家人及仆人。他有一个储备充足的农家庭院，还有一些鱼塘，并饲养了猎鸟。这座岛面积虽不算大，但土壤类型和地貌丰富，各种农作物均有适合的生长场所。这里有农田、葡萄园、树木、果园，还有杂树丛生、各种灌木环绕的肥沃牧场。来自湖岸边的水，源源不断地浇灌着它们。从其中一个湖岸出发，有一道抬升的高地通向岛的内陆，高地的两旁还种着两排树木。在高地的中间，有一座漂亮的凉亭，每逢葡萄收获的季节，一到星期天，住在湖周围的人们就会在此聚会、跳舞。

正是在这座岛上，我开始了在莫蒂埃被人投石之后的避难生活。这座岛让我感觉无比舒适，非常适合我所中意的生活，乃至我都决定要终老于此。我唯一担心的，就是此计划无法实施，因为这样做就与人们要送我到英格兰的计划发生了冲突。当时，我已经开始觉察到他们有这个计划了，这种不祥的预感让我感到忧虑。于是我开始希望这避难之所能成为我终身囚禁之处，余生之中都不允许我离开，不给我任何逃脱的机会和希望，禁止我与岛外的一切联系。这样我不知道外面世界所发生的情况，也就会忘记它的存在，而那里生活的人也会忘记我的存在。

虽然我在这座岛上仅仅度过两个月的时光，但是即使让我在那里度过两年、两个世纪，甚至是永远，我也不会有一刻感到厌倦，尽管我在那里往来之人，除泰蕾兹外，就只有那位管理员、他的妻子和家人。他们的确都是非常善良之人，这一切正是我所想要的。这两个月的光阴是我人生中最幸福的时光，幸福之极。若能一生都如此度过，我将心满意足，一刻也别无他求。

那么这究竟是怎样的一种幸福，它又如何能带来如此的满足呢？从我对那种生活的描述中，世人绝对猜不出答案。于我而言，放在第一位的、最重要的乐趣，就是这无忧无虑之中慵懒惬意的宝贵放松。在岛上的那段时光里，我充分享受着这种放松，而我唯一所做的，也就是像一个闲散之人一样，快乐地打发时间。

当时我有一种希望，觉得人们应该会允许我在这与世隔绝之处待下来。在这里，我进行自我囚禁，想要离开则必须有人帮助，而且会被人发现。如果没有周围人的帮助，我也无法与外界进行沟通和联系。这种希望给我了鼓舞，觉得我有可能以一种比之前更宁静的生活方式终老此生。由于抱着一种可以在余生慢慢安顿于此的想法，我一开始也就压根没有做过任何打算。我空着手，出乎意料地一个人来到了这里。之后又依次迎来了我的伴侣、我的书籍和我的一点行李。那些书籍和行李后来一直原封不动，一箱都没有打开过，就仿佛住在一家旅馆，第二日就要离开一样，它们就那样搁在我打算终老此生的那座房子里。对此我倒觉得非常高兴。一切顺其自然，却进展顺利，仿佛如果要刻意井然有序，反而有可能把事情弄糟。尤其令我高兴的是，我的那些书籍可以安全地不开封，而且我找不到写字台。有时我收到一些讨厌的信件，不得不要拿起笔回复时，我会极不情愿地借用管理员的写字台，用完后就赶快归还，同时心中还抱着幻想，希望以后再也不需要借用它了。我就这样对那些缺乏生机的旧书旧报置之不理，而且那时还对植物学开始产生了热情，于是转而用花花草草来装满我的房间。我对植物学的这种兴趣还得归功于迪夫诺斯医生，并且很快我就着迷于其中。那时的我，不想花时间做严肃的事情，只想像无所事事者喜欢的那样，找到一些不添任何麻烦的惬意消遣活动。

于是，我开始尝试编写一本《植物志》，计划通过此书详尽地描述岛上的各种植物，也使我余生之中有事可做。有人说，曾经有一位德国人，仅仅关于柠檬皮就写了整整一本书。换作是我的话，草地上的每一种草、树木中的每一种苔藓、覆盖岩石的每一种地衣，我也都能写成一本书。哪怕是任何一根草，任何一点微小的植被，我都不愿放弃对其进行详尽的描述。有了这样一个崇高的计划，每天早上和大家一起吃完早餐之后，我就手握放大镜，胳膊下夹着一本《自然系统》，出发去研究岛上某一个特定的区域。为了进行研究，我将整座岛划分成许多小方块，计划在不同的季节，一个方块一个方块去依次探究。每当我发现植物的构造与组织，观察到植物的有性生殖过程，我都会痴迷其中，欣喜若狂，那种感觉简直无与伦比。那时，这一切对我而言都是全新的事物。一开始我乐于观察常见的物种，在之前从未完全在意的那些植物科中寻找差异。之后再转向观察更少见一些的植物。夏枯草两根长长的雄蕊像叉子一样分开，荨麻与墙草的雄蕊弹性十足，黄杨与凤仙花的种子从果实中一下子迸出，这无数的植物繁殖小技巧，我当时是生平第一次见到，让人满怀喜悦。于是我四处逢人就问，问他们有没有见过夏枯草的触须，就像法国诗人拉·封丹问别人有没有读过《哈巴谷书》一样。一般情况下，过两三个小时，我就会满载而归。这样，即使整个下午下雨，我在家也有足够的事情可做。上午其余的时光，我会和管理员、他的妻子，以及泰蕾兹一起，看一看工人们收获时劳作的样子，我们也时常会去帮一帮他们的忙。有些人会从伯尔尼来看我，他们时常见到我高坐在一棵大树上，腰上还系着一个口袋。我会在口袋里装满果实，然后将口袋绑在一根绳子上，再用绳子将其放到地面上。经过一上午这样的运动，我心情也非常愉快，午餐时候也能惬意地放松。然而如果午餐耗时太长，而我又禁不住晴朗天气的诱惑，那么等不到其他人吃完，我就会从餐桌边溜走，独自一人迈上一艘小船。湖面风平浪静的时候，我会奋力划桨，去往湖的中央，那里，我会在船上伸展四肢，仰望天空，任凭湖水带着我漂荡。这种状态下，我往往一待就是几个小时，脑海之中出现的无数模糊又欢快的遐想。尽管它们缺乏明确和固定的主题，但是在我看来，却绝对胜过其他一切我在所谓的人生乐趣中能找寻到的最甜美的事物。就这样，经常只有待到夕阳落山之时我才想起应该起身回家了，而那个时候，一般都已离开岛相当远的距离，我只有竭尽全力划桨，才能在夜幕降临前回到家。也有一些时候，我不会奋力划向湖中央，而是停留在靠近岛边的绿色湖畔，那里湖水清澈，绿树成荫，常常引诱着我去游泳。

不过，我进行次数最多的探险，还是从大岛到小岛之行。在小岛上岸后，我会在那里度过整整一个下午。在小岛上，我有时会在它有限的空间里，穿梭于阔叶柳、赤杨、春蓼和各种灌木丛中，有时会爬上能遮阴的土墩顶，那里长满了绿草、野生的百里香和其他野花，甚至还有红色与白色的苜蓿草。这些苜蓿草可能是之前某个时候被人们播种于此的。这里正是兔子们的理想家园，它们可以平静地在这里繁衍生息，不会带来危害，也不用担心其他生物危及它们的安全。我把这个想法告诉了管理员，他便到纳沙泰尔弄了一些兔子过来，雄兔和雌兔都有。我们两人，以及管理员的妻子、他的一个妹妹，还有泰蕾兹，一起浩浩荡荡地带着这群兔子走到小岛上，让它们在那里安定下来。在我离开那里之前，这群兔子就已经开始繁殖了，如果它们能经受得住冬季的严寒，无疑会继续发展壮大。建立这个小殖民地的那一天，也算是个大日子了。当我得意扬扬地带领伙伴们和兔子从大岛驶向小岛时，夺取金羊毛的阿尔戈英雄们之首领，也不比我更骄傲。而且，原本极度恐水、踏进小船就会感觉不舒服的管理员妻子，在我的指挥之下，却满怀信心地登上了岸，在这次跨岛之行中也毫无恐惧，对此我也深感欣慰。

有时湖面不够平静，无法划船，我就会整个下午都在岛上漫步；有时我会在最迷人与最与世隔绝的角落驻足，坐下来享受无人干扰的幻想；有时我会停留于高地与小山丘上，自由地眺望湖泊和岸边旖旎的风景。湖的一侧环绕着群山，另一侧则是肥沃富饶的平原，而平原的尽头则是更遥远处呈蓝色的山脉。

傍晚来临时，我会从岛的高处步行而下，然后我喜欢漫步到湖畔一些幽静之处，静坐于那里的沙砾之上。在那里听着浪花拍岸，看湖水荡漾，我的各种感官都沉醉其中，心中的一切烦恼焦虑也烟消云散，随之而来的则是美妙的遐思，然后在不知不觉之中，夜晚就悄悄地降临了。湖水时起时落，水声此消彼长，轻柔地刺激着我的双耳与双眼，与我内心的平静遐思交替占据我的心灵。这样既足以让自己惬意地意识到自我的存在，又无须费力思考。有时，目睹湖面的形象，我的头脑之中也会间或闪现对世事无常的反思，不过这些想法转瞬即逝，因为湖水永恒不息的变化就像是唱给我的一首催眠曲，如果我本人没有刻意做些什么，就会完全沉浸于其中，甚至当天色已晚，同伴们按惯例发出归家的信号时，我都还难以自拔。

晚餐过后，如果夜色皎好，我们会一起再次到高地上散步，呼吸来自湖中凉爽的空气。散步至凉亭时，我们常常驻足休息，坐下来边说边笑，唱一些老歌，这些歌曲绝对不会逊色于当代那些花里胡哨的歌曲，之后我们便起身回家睡觉。这样的一天让人心满意足，只盼望着下一天继续如此。

除了有时会因不速之客到访而带来一些烦恼外，上述这些就是我在岛上那几周的日常生活方式了。这种生活方式究竟有何迷人之处，使我如此眷恋、沉醉，失去之后还一直觉得遗憾，乃至十五年之后的现在，想起这方钟爱的土地，我都还忍不住产生向往呢？对此我很想一探究竟。

在自己这漫长而跌宕起伏的一生之中，我注意到这样一种情况：那些最甜蜜、最强烈的欢愉时刻，并非最打动我的心，也并非最吸引人。虽然这些时刻充满狂热和激情，但是无论其对我们可能产生多大影响，却因其过于强烈，而只能在我们人生旅途上偶尔出现。这样的时刻过于稀少和短暂，状态无法长久持续。我内心向往的幸福，也并非由这些转瞬即逝的时刻组成。幸福的状态应该是唯一且能够长久持续的，它不会产生强烈的冲击，但能够长久持续，故而令人着迷，也因此会最终被我们视为幸福的极致状态。

世间的万事万物时刻都在发生变化，一切均无定数。人们的情感如果寄托于身外之物，也必定会随外物的变化而变化和消逝。这种情感，要么超前，要么滞后，要么回忆已逝的过去，要么展望可能永远不会来临的未来。世间没有任何可靠之物，可以让我们全心全意去寄托。因此俗世的欢愉皆为瞬间的产物，几乎毫无例外。我真的怀疑，究竟有没有人知道永恒的幸福为何物。纵然在享受最强烈的愉悦之时，我们也几乎找不到任何一个瞬间可以让我们由衷地说："但愿这一瞬间能永恒！"如果一种状态转瞬即逝，且让我们内心仍然空虚和焦虑，要么为过去而遗憾，要么对未来空向往，我们又如何给这种状态取名为"幸福"？

然而，让我们想象这样一种状态：在这种状态之下，心灵能找到安全的栖息之所，安定下来，全神贯注关注自身，无须回忆过去，亦无须幻想未来；在这种状态之下，时间失去了意义，当前的状态在浑然不觉、无声无息中持续下去，没有任何时光流逝的迹象，感觉不到失去、享受、欢愉、痛苦、恐惧，只有简单的存在感，并且内心之中也只有这种感受。这样的一种状态，只要能够持续下去，我们就能称为幸福了。这种幸福不是我们在人生的享乐中体会到的那种单薄、残缺的相对幸福，而是让我们内心完全充实的那种充分、完整与理想的幸福。我在圣皮埃尔岛上一个人思忖时常常体验到的，就是这种状态。那时的我，要么独卧一叶扁舟，任船儿载着我随波逐浪，要么在暴风雨之时静坐于湖畔之上，或是待在潺潺流淌的一条可爱小河或溪流旁听水流拍石之音，抑或在其他地方做些什么。

这种状态下的幸福之源究竟何在？其实并无任何身外之物，只有我们自身，只有我们自己的存在。只要这种状态一直持续，我们就能像上帝一样自足。这种未掺杂任何杂念的存在感，本身就是一种珍贵的宁静与满足感，而在人生之中，俗世的各种感官影响，却不断分散我们的注意力，妨碍我们体会这种存在感的快乐。那些能与这些俗世感官影响抗争之人，光是凭这种存在感带来的宁静与满足，就会喜爱并珍视这种感觉。然而常常被激情困扰之人，大多对这种状态一无所知。因为只是非常短暂地、不完整地体会过这种状态，这些人对它只有模糊不清的了解，不了解其真正的魅力。同时在我们当前所处的现实状态之下，如果贪婪地追求这种甜美的愉悦状态，也会让人们厌恶那种不断产生需求的活跃的生活状态。这样的结果也并非令人满意。然而对于已经受到人类社会排挤的不幸之人，既然在这世上已经既不能为自己，也不能为他人效力和带来好处，则可以寻求这样一种状态，以作为对其失去人类快乐的补偿。无论命运还是人类，都不能剥夺他享受这种补偿的权利。

诚然，这种补偿并非所有心灵，也并非在所有情形之下都能体会得到。要体会到它，心灵需要保持平和，不能受任何激情的纷扰。所涉及的个人也必须有适合的心态，周围的环境也应有助于人感到幸福。彻底的平静与过多的纷扰都不可取。这种活动状态必须平衡、适中，不应有强烈的冲击或打断。完全没有活动的人生显得缺乏生机，如果太无规律或太过激烈，又会吵醒我们的梦境，唤醒我们去关注身边的事物，这样便破坏了遐思的魅力，将我们与内心的自我强行分开，让我们再次戴上命运和他人所给的枷锁，感受到我们生活的不幸。完全的安静又容易导致忧郁，显得死气沉沉。当遇到这种情形，就需要愉快的想象来帮忙。那些天生就有此才能之人，这时就能手到擒来。此刻，一些并非发自外部的思想活动在我们身上就应运而生了，我们的宁静确实变得没那么彻底了，但是仍然非常令人感到惬意。愉快而又飘浮的各种想法，轻轻触动人的心弦，又不会搅乱内心深处的宁静，当我们拥有了足够多这样的想法，就能既感受到自身的存在，又能忘却自己所有的烦恼。只要保持宁静，这样的遐思随处都可以享受。我甚至常常在想，纵然是在巴士底狱，甚至是在看不见任何物体的地牢里，我也仍然能愉快地幻想。

当然，必须承认：在那样一个天然与世隔绝、土地肥沃的孤岛上，这样的境界更容易实现，也更令人愉快。在那里，我满眼所见都是欢乐的形象，没有任何事物会勾起我痛苦的回忆，与我为伴的几个人有趣又讨人喜欢，但还不至于吸引我的全部注意力，而且我还能无忧无虑、无人打扰地整天从事自己选择的消遣活动，或者只是快乐慵懒地打发时间。毋庸置疑，这对爱幻想者而言是一个良机。即使在最讨厌的环境下，爱幻想者往往也能享受非常快乐的幻想，能够从容地利用环境，利用感官能真实感受到的一切物体来充实自己的想象。每当我从漫长又幸福的遐思中醒来，我会看见身边满眼都是绿叶、花朵和鸟类，眺望远处，则是风景如画的湖岸和广阔无垠的清澈湖水。此情此景，想象的事物与真实的迷人风景交织成了一体，许久之后，我才意识到自我和身边的事物，但仍然无法区分虚与实。这一切共同发挥作用，让我深爱上了自己在那片美丽的土地所经历的沉思与独处生活。多么希望这一切能够重来！多么希望能够回到那片可爱的土地去终老此生，再也不要离开，再也不要见到任何会勾起我悲惨回忆的岛外之人！多少年来，那些人就以我的悲惨为乐！他们很快就会被我永远遗忘。他们可能不会忘记我，只要他们不再来打扰我清静的隐居生活，那又有什么关系呢？我的灵魂摆脱了那些从社会生活的喧嚣中产生的俗世激情，还常常能够从中得到升华，提前与天国的灵魂进行对话，并渴望自己不久也加入其中。我也知道，世人绝不会允许我再次回到那片快乐的圣地，因为他们之前就不让我留下来。然而他们至少无法阻止我每日乘着想象的翅膀，对那里心驰神往，如同我仍然生活在那里一般，花几个小时品味同样的乐趣。如果我仍在岛上，最美好的事情莫过于心满意足地幻想，我现在幻想着自己仍在那里，不也是同样的效果吗？更为锦上添花的是，我还能为自己抽象又单调的遐思增添一些迷人的形象，赋予它们生机和活力。在岛上幸福地出神遐想之时，这些形象常常不知从何而来，而现在，我越是沉醉其中，这些形象就越发生动。我的自我形象在它们之中也常常显得更为真实，感觉比真正置身其中还更加快乐。不幸的是，随着自己的想象力日渐迟钝，要做到这点越来越不容易，持续的时间也不长久。唉！我们快要开始从自己的躯体中解脱之时，也正是这躯体最碍手碍脚之际呀！

漫步遐思六

人们有许多反应都是在无意识之中作出的。但只要我们能真正地去寻找原因，很少有找不到它们根源的。

昨日，我沿着新林荫大道，步行去往让蒂根附近的比耶夫河畔考察植物。快到地狱门时，我向右拐了个道，穿过一片田野绕道而行，之后又沿着枫丹白露路，爬上了与一条小河平行的高地。这条路线本身并没有什么意义，然而回想起自己曾数次无意识地选择这样绕道，我就进行了自我反省，要找出自己这样做的原因。当最终水落石出的时候，我忍不住笑了起来。

就在这条林荫大道离地狱门不远的一处角落，夏天的时候，有一位妇女每天都会在此摆一个小摊，贩卖一些水果、面包卷和香草茶。这位妇女还带着一个小男孩，长相可爱，可惜腿有些瘸。这个男孩拄着拐杖，走起路来踉踉跄跄，以一种还不算令人讨厌的方式四处向路人讨钱。后来我和这个小男孩也慢慢熟悉起来，每当我从那里经过时，他都必定会走上前来，问候我几句，而我也总是给他一点小礼物作为回报。前几次这样做时，一见到他我都非常开心，也心甘情愿给他一些钱。这种状态一直持续了一段时间，我也乐在其中，甚至还常常和他聊上几句，听他愉快地说个不停，让我更加觉得满足。然而这种快乐渐渐成了一种习惯，因而也不知不觉就变成了一种义务，这就让我很快感到了厌倦，尤其是每次见面，我都必须得听那段开场白。

见面时，他总是称呼我为“卢梭先生”，以显示他对我的熟悉，而这却反倒让我清楚意识到，这个小男孩对我的了解，也最多和教他这样称呼我的人一样多。从那时开始，我就不太情愿再经过那里了。最终，每当快到那个已成为我心结的地方时，我就会不假思索地选择绕道而行。

以上就是我在对此事思考后的发现成果。在此之前，对这一类的事情，我还没有进行过清晰的认识，有了这一发现之后，我又陆续回想起许多类似的事情。这一切都确切无疑地告诉我，我的大部分行为，对于其真正的根本动机，我自己并未像之前想象得那样清楚。我知道并且也感受到，人们心灵能享受到的最真实的幸福，就是做善事，然而多年以来，我却无法享受这种幸福。自己的命运悲惨，几乎没有任何希望做一些认真挑选又有益的真正善事。那些操纵我命运之人，最在意的事情就是让我身边充满谎言与欺骗，因此一切可以展示正直行为的机会，都不过是一个诱饵，要引诱我落入他们设计的圈套之中。这一切我早已了解，我还认识到，从此以后我所能做的唯一好事，就是什么都不做，这样就能避免在不知不觉中做了坏事。

不过曾经也有过一段更快乐的时光，那时的我，追随自己内心的冲动，有时也能够给他人带去心灵的快乐。我可以真诚地说，每当自己享受这种快乐时，我都发现这种快乐无与伦比。这是一种强烈、纯洁又真诚的本能，自己的内心之中没有任何东西会与其发生冲突。然而与自己的善行随之而来的各种义务却如同枷锁，让我觉得它们成了负担，如此一来，快乐烟消云散，刚开始给我带来快乐的助人为乐也变得让人厌烦、无法忍受。在自己曾经短暂成功的岁月里，向我寻求帮助之人接踵而至，只要自己力所能及，我都从未拒绝帮助他们。我起初的善举都是出于发自内心的好意，但是随之而来的各种义务却如同枷锁，我始料不及，也无法挣脱。在那些接受帮助之人的眼中，我一开始伸出的援手，不过是向他们承诺之后还要继续帮忙，一旦有不幸之人接受了我的帮助，就会成为既定事实，而之前经过自由选择所行的善举也变了味，仿佛是默许了受助之人在之后拥有有求必应的权利，纵然我有时力不从心，也不能成为我不帮忙的理由。就这样，我最珍视的快乐，却变成了沉重的义务。

在我过着默默无闻的生活、不为公众所关注之时，这种枷锁还不算怎么沉重。但是，后来我靠着写书成了公众人物，当然，这无疑是一个严重的错误，我后来也用了自己的不幸来为之赎罪。从那以后，所有穷困潦倒之人和自称是穷困潦倒之人，所有要找冤大头的骗子，所有声称我有重要影响力之人，纷至沓来，都试图向我以这种或那种方式进行索取。正是通过这些事情，我开始意识到，人类一切天生的冲动，甚至包括行善，只要变成了社会行为，并不假思索、轻率地行事，其性质就会改变，原本具备的各种益处，也往往会造成同样的伤害。许多类似的残酷经历逐渐改变了我最初的性情，或者更准确地说，给我最初的性情加上了正确的限制，也教会了自己在他人仅仅是出于恶意时，不要盲目地跟随自己行善的冲动。

然而对于这些经历我并不后悔，因为通过对这些经历的反思，我对自己有了新的了解，也重新认识了无数场合下自己行为的真正动机。而此前，在这些场合下，我并未真正了解自己。我逐渐意识到，要在行善中感受到快乐，我必须无拘无束、不受限制；如果助人为乐成了我的一种义务，将失去全部的快乐，一旦发生这样的情况，沉重的义务会将甜美的乐趣变成我的负担。正如我在《爱弥儿》中所言的那样：在土耳其有街头传令员，他们会依据时间告诉男人们履行夫妻的义务，如果我生活在土耳其，肯定做不了一位好丈夫。

伴随着这一切，我对自身美德的看法也发生了极大的转变。如果只是追随内心的愿望，只是因为自己乐意、满足自己的愿望去行善，算不上什么美德。只有让自己内心的愿望让步于承担义务，才算得上美德，而这一点，我比任何人都不如。我天生就心地善良、敏感脆弱、慈悲，乃至到了软弱的程度。只要是高尚之事，我的内心都感到欣喜若狂。因此追随着自己的本性，甚至是激情，只要能让我心动，我就会乐善好施，多行义举。如果我拥有这世上最强大的力量，我也一定会成为最优秀、最慈悲之人，然而只要让我拥有报复的能力，就足以使自己失去所有报复的欲望。即使是有损自身的利益，我也应该能毫无困难地公正行事，不过，如果要有损我心爱之人的利益，我应该永远也做不到公正。当自身的义务与内心的暗示发生冲突时，前者很少能取得成功。除非不让我插手，否则我往往无法战胜自己的天性。不，要我违背自己的天性去采取一些积极的行动，一般都做不到。无论是他人的命令，还是出于义务甚至是必须，只要自己内心保持沉默，我的意志就会充耳不闻，我也就无法遵照执行。纵然我察觉到有危害自己的坏事，我也会置之不理，不加阻止，任其发生。有时，我开始时会作出一些努力，但是很快便偃旗息鼓、筋疲力尽，不能持之以恒。我很快发现，在任何能够想象得出的活动领域，只要是不能愉快完成之事，我都不可能去做。

事情还不止于此。如果义务与愿望相一致，但义务太过于紧迫，也足以消灭我的愿望，使我觉得勉为其难，甚至产生反感。正因如此，如果有人要求我行善，我也会感到厌恶，而如果无人要求我这样做，我会主动地行善。毫无疑问，我所喜爱做的，正是纯粹自愿的善举。但是如果受益者以此来要求我继续帮助，如果我加以拒绝，还要憎恨我，或者仅仅因为我起初帮助他时感到快乐，就坚持要我永远帮助，那么行善就成了负担，其中的乐趣也就烟消云散了。有时我会出于软弱与不明智的羞耻感而让步，但是根本心不在焉，更毫无乐趣可言，只会在内心之中责备自己违背意志行善。

据我所知，施恩者与受助者之间，存在着某种契约关系，而且是最为神圣的一种契约关系。施恩者与受助者还形成了一种社交关系，这种关系比普通大众之间的社交关系更加紧密。如果受助者心照不宣地表达感激，只要其没有辜负这份帮助，那么施恩者就会类似地继续表达善意，并且当受助者寻求帮助且施恩者也有能力为之时，施恩者也应继续重复他的善举。这些并非明文规定的条款，但却是双方所形成的这种关系所产生的自然结果。当有人向你寻求无偿的帮助时，如果你一开始就拒绝，被拒绝之人没有任何理由抱怨；但是，如果你之前同样这样帮助过他，在类似情况下你再拒绝，就会令人失望。因为你之前的行为给了他希望，这份期待是你之前带来的，但你后来却辜负了他人的希望。这样的拒绝，让人感觉比一开始就拒绝别人更加无情，更不合理，然而这是我们要获得独立所必需的，我们内心珍视这种独立，不能轻易就放弃。偿还债务是履行义务，而赠予则是享受快乐，要从履行义务中获得快乐，只有依靠养成具有美德的习惯，而直接源自本性的快乐就没有那么崇高了。

经历过如此多不快乐的事情，我已经学会了预知跟随内心直接的冲动会产生的后果。遇到一些有能力做也渴望做的善事，因为担心如果不假思索就行动可能会让自己陷入其中，我也常常保持克制。曾经我并没有这样的担心，相反，在年轻时候，我做的好事越多，对别人的感情也越深。同样，那时我还常常感到，我那时所帮助之人对我的喜爱，更多是出于感激，而非自我利益。然而自从我开始遭遇不幸，这一切如同其他事情一样，都发生了翻天覆地的变化。从那时起，与我生活的一代人变得与之前不一样了，而我对他人的情感，也因我觉察到他人情感的变化而发生了变化。在这截然不同的几代人之中，有些人我是一直都看到的，但好像他们也随着这几代人发生了转变，这些人之前也很坦诚、真实，但是后来却追随大流，也变成了现在的样子，仅仅因为时代改变了，人们也相应地改变了。既然他们现在的品质已经与当初相反，那么当初我对他们的那份情感，我又如何能够继续保持不变呢？我不知恨为何物，所以我不会憎恨他们，但我无法抑制对他们的鄙视，也无法不让自己表露出来。

也许，不知不觉中，我自己也发生了许多改变，也许比应该改变的更大。一个人要有怎样的品质，才能在遭受我这样的境遇时不堕落？二十年来的经历使我坚信，面对自己的命运，面对那些操控自己命运之人，大自然赋予我的那些优良品质已经变得扭曲，只会损害自己或他人的利益。现在，面对各种善事，我只能视其为是引诱自己受苦的陷阱。我也知道，无论我的行为结局如何，其原本的善意同样值得称道。虽说这一点毋庸置疑，但是其内在的魅力却丧失了。当失去这份激励之后，我的心中就只感到冷漠无趣。无疑，我无法再完成真正有益之事，仅仅是做一些傻事而已。我的自尊心受损，理智也不认可，剩下的就只有拒绝与勉强，尽管按照我的天性，我原本是一个极其殷切助人之人。

逆境有许多种，有些能升华和磨炼人的心灵，而有些却只会压抑和扼杀人的心灵。我所遭遇的逆境就是后面这一种。如果我的心灵之中有丝毫邪恶的种子，这番逆境定会使其生根发芽，极度繁殖，令我疯狂，然而我最终却只是变得无为。既然不能对自己和他人有益，我就放弃了做事。我这样做也是不得已而为之，所以也无可指责，而且在此种状态下，我完全只关注自我，不违背自己的天性，因此还获得了一种满足感。有时即使遇到一些可以采取行动的机会，并且我也未在其中察觉到任何恶意，但我仍然会回避这样的机会。无疑，我做得过分了，但是我知道自己看不到事物的本来面目，所以我避免按照敌人呈现的事物表象来进行判断。不管一件事的动机看起来多么诱人，只要在我的掌控之中，就足以确定其欺骗性。

很显然，当我尚在孩童时期，命运就为我布下了第一个陷阱，这件事也让我长久以来容易落入其他的圈套之中。我生来就非常信任他人，之后整整四十年，这份信任都从未被辜负，但是忽然之间，我就遭遇了一种全新的形势和完全不同的一类人，我跌跌撞撞，成百上千次掉进陷阱之中，却一次都没能察觉。这样的经历持续了二十余年，却也没能让我明辨自己的命运，然而一旦后来我开始坚信，那些做作地抛给我的友谊橄榄枝中，暗藏的只有虚伪与欺骗，我就迅速走向了另一个极端。人如果一旦放弃了自己的真实天性，就再没有任何事物能够限制他的所作所为了。从那时起我开始厌倦与人交往，而就在他人施展各种伎俩疏远我之际，我内心的愿望反而让自己走得离他们想要的更远，在疏远对方这个方面，我与那些人的想法是一致的。

那些人也曾试图要将这种反感，转变成彻底的嫌恶，然而他们永远也不会成功。每每想到他们为了想要让我依附于他们，而必须要与我发生关联，我就真诚地为他们感到遗憾。当我过得不悲惨时，他们就会不快乐。每当我思考自己的处境时，我就会发现，他们其实也很不幸。也许我作出这样的判断，也有出于自傲的因素，我看不起那帮人，所以他们也不值得我去憎恨，他们会引起我的鄙视，但绝不会引发我的仇恨。事实上，我太爱自己，因而也无法憎恨任何人，那样做，只会限制自我的存在范围，而我更愿意扩展自我的存在范围，整个宇宙都包括在内。

比起去憎恨那帮人我更愿逃离他们。见到他们的模样会影响我的感官，而他们那冷酷的表情会让我心中感到痛苦。但是一旦引发痛苦的根源消失后，我的痛苦也就消散了。他们的出现会让我不能自已，但是若只是出现在记忆中，则对我没有影响，他们没在自己眼前出现时，对我来说就等于他们不存在。

然而，甚至我的这种对他们的漠不关心，也仅仅牵涉我与他们之间的关系，当涉及他们之间的相互关系时，仍然会激起我的同情心，我对他们的这种感觉，就像是对戏中人物的感觉。要让我失去对公平正义的兴趣，除非抹杀掉我的道德存在。目睹不平与邪恶之事，仍旧会让我热血沸腾，怒不可遏；没有丝毫炫耀与虚荣的高尚行为，则总是会让我兴奋不已，高兴得颤抖，哪怕到了现在，这些行为仍旧会让我喜悦得热泪盈眶。不过这些事情我必须是亲眼所见，并且是自己作出的判断，经历过如此多发生在自己身上的事情，我不会再疯狂地采纳别人对事情的见解，或者只听信他人的一面之词。

如果世人对我的面容与外貌，也如同他们对我的人品与天性一样完全不了解，那么我应该就可以轻而易举地与他们生活在一起。只要我对他人而言还完全是一位陌生人，应该就能够与他们快乐地为伴。如果他们不关注我，我也完全放任自己的天性，应该我也能喜爱他们。对于他们，我应该能展示出一种普遍而又完全公正的慈爱，但是绝不会特别偏爱任何人，也不会让自己戴上义务的枷锁。在一切事情上，我会无拘无束、完全自愿地行事，而那些人是难以做到这一点的，他们只会出于自负才这样做，还会受到各种规则的制约。

如果我能一直保持自由、无名、独处，一如我的天性，那么我所做的事情应该就只有善事，因为我的内心之中，并无任何邪念的种子。如果我能像上帝一般，无形却又强大，我也应该能像上帝一样善良仁慈。力量与自由，能成就真正的善人；软弱与屈从，从来只会造就恶人。如果我拥有了裘格斯的指环，我就能不受世人的支配，世人反而会依附于我。我曾常常幻想，有了这枚指环之后，我该如何使用它呢？因为紧随着拥有权力之后，往往有滥用权力的欲望。拥有了满足欲望的能力，做任何事情都不会被人欺骗，那么我还会坚持想要些什么呢？只有一样东西，看到众人都心满意足。见到大众都能幸福，将是唯一能让我得到持续满足之事，而热切地想要为之作出贡献，也会是我最矢志不移的热情。做到了永远公正无私、善良不渝，我将能够同样避免自己盲目怀疑、仇恨难平。当我能够看清世人的真面目，轻易读懂他们内心的想法之后，我就能够发现，这世上让我足够喜爱、值得投入全身心情感之人几乎没有，而同样，讨厌得值得我憎恨之人也几乎没有。而且由于我完全了解他们在试图伤害他人之时，也对自己造成伤害，我还可能会由于他们的邪恶而对他们表现出怜悯。当我无忧无虑之时，也许还会拥有孩子般的冲动，偶尔制造一些奇迹出来，不过都是完全公正无私的。我只会遵从自己的天性，对待公正严肃之事，我既会做到公正，也会做到仁慈。作为上帝的使者，我会在我的能力范围内执行其法令，还应该会行一些比《圣人传说》与圣梅达尔墓更理智、更有益的奇迹。

只是还有一点，这种可以到处隐身的能力，可能会对我产生难于抵御的诱惑。一旦我误入这万劫不复的歧途，这些诱惑还有什么不会让我做的呢？如果我自鸣得意地认为这样的机会不会使自己走入歧途，或者认为理智能阻止我堕落，那就是对人性也是对自己的极大无知了。在其他任何方面，我对自己都有把握，但是这件事情可能会让我毁灭。拥有比常人更强能力之人，其自身也必须超越所有人类的弱点。否则这种超能力只会使他比其他人更堕落，也会比他自己仅仅是一个平常人时更没有底线。

经过这样一番思量，我还是觉得，最好在这枚有魔力的指环让我作出傻事之前，赶紧把它扔掉。如果世人坚持以偏见待我，仅仅见到我就容易作出不公正之事，那么为了不让他们见到我，我最好还是避开他们，而不是隐身于世人之中。而现在，他们行动的时候偷偷摸摸，不让我知道，还把伎俩伪装起来，不敢大白于天下，就像鼹鼠挖地洞把自己深藏起来一样。如果他们想了解我，就让他们了解吧，那样应该会更好。只是他们不会这样做，他们眼中见到的，不是真实的我，而只是那个他们自己意淫出来供其随意憎恨的让-雅克罢了。因此，对于他们眼中的那个我的形象，我也就不必再烦恼了。我本就不应对此真正在意，因为他们眼中所见的根本不是我。

经过这一系列的反思，我得出了如下的结论：我从来都没有真正适应这只有令人厌倦的职责与义务的社会生活，而且，由于我性格独立，所以不可能屈服于那些要在世人之中生活所必须接受的各种限制。当我无拘无束时，我为人善良，只做好事。然而一旦我感受到必须要做之事和人类社会的枷锁，我会就行为叛逆，更确切地说是固执，然后就成了无关紧要之人。如果要我违背自己的意愿做事，我无论如何都做不到，但是因为自己过于软弱，所以在此种情况下，我也不会去做自己愿做之事。我会采取无为的策略，因为我的软弱都表现在行动之中，我不会积极地努力，而我的罪过也均是来自疏忽，罕有来自所完成之事。我从来未曾相信，人的自由体现在为所欲为。我相信的是，人的自由体现在决不做自己不愿为之之事。这种自由也正是我一贯追求并实现了的自由，也正是因为这种自由，我的同代人对我最为感到愤慨。他们忙忙碌碌、野心勃勃，憎恨别人拥有自由，自己也不渴望自由，只要能有时候恣意妄为，或者准确地说，能阻止他人自由，他们也就满足了。他们还强迫自己在一生之中都做自己不愿做的事，为了能对他人发号施令，他们愿意忍受各种奴役。这帮人的错误之处，不在于将我作为无用的社会成员进行驱逐，而在于把我当成危险人物赶走。我承认自己没做多少好事，但是在一生之中，我心里从未滋生过邪恶的意念。我甚至怀疑，这世上是否还有人比我做的坏事更少。

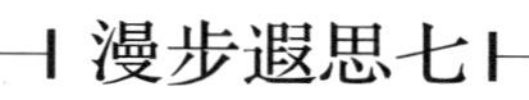

漫步遐思七

我才刚开始动笔记录自己长长的遐思后不久，我就已经感觉快要无从下笔了，因为我又迷上了另一种消遣方式，它完全吸引了我的注意力，甚至让我失去了幻想的时间。我沉醉其中，热情高涨，到了几近放纵的程度，每每想起此事便忍俊不禁。但是我没有气馁，因为在当前的情况下，我唯一的行为准则便是永远无拘无束地追随自己的天性。对于自己的命运，我已无法改变，但我内心的意愿都是清白无邪的。既然从今往后，我对他人的评价都不在乎，所以比较明智的做法是，无论在公众场合还是在私下，我都应该做自己力所能及而且又渴望做的事。我自身的愿望便是我的行动指南，而我的缺点则是年龄带来的限制。如此一来，草儿成了我的动力，植物学则占领了我的头脑。从迪夫诺斯医生那里初次涉猎植物学时，我还身在瑞士，但也已步入老年。后来在我辗转奔波于各地的途中，又成功研究和采集了一些植物，积累了一些关于植物界的知识。然而待到我年过六旬，在巴黎过上了经常久坐的生活，也失去了进行长距离植物考察所需的体力，同时我的乐谱抄写工作也较为繁忙，不再需要从事其他活动了。就这样，我当时就放弃了这项对我而言并非必需的消遣活动，还卖掉了自己的植物标本集和书籍，只是偶尔还陶醉于在巴黎附近散步时认出的一些常见植物。就在那段时间，我原本就只略知一二的植物学知识，几乎被我忘得一干二净，那遗忘的速度之快，远胜于我当初学习它们的速度。

时光飞逝，转眼之间我已度过了自己的六十五岁生日。尽管我记忆中那少得可怜的知识早已被遗忘，我也失去了在乡间游荡的力气，没有向导，没有书籍，没有花园，没有标本集，但是我却再一次疯狂般对它着迷起来，甚至比我初次喜欢上这个爱好时更为狂热。我还严肃地思考了一项明智的计划，要完整地学习默里的《植物界》，还要熟识世间的各种植物。因为我已没有条件再次购买植物学教科书，所以我决定把那些借来的书抄下来，同时我还决意要重做一个比自己之前那个更完善的标本集，并打算把海滨和阿尔卑斯山的全部植物、印度各种树木的花朵都囊括其中。不过我一开始的做法很简单，只是收集繁缕、细叶芹、琉璃苣和千里光。利用我的鸟笼，我熟练地收集各种标本，每发现一片新的草叶，我都会心满意足地自言自语："至少我又多了一种植物。"

我并不想为自己这样心血来潮的决定做什么辩解。于我而言，这种做法是极为理智的。我早已相信，在自己当前的境况下，投身于吸引自己的消遣之中的这种做法，不仅特别明智，而且也非常高尚。这样一来，不仅可以避免报复与仇恨的种子在我的心底生根发芽，而且对我而言，能够通过消遣活动得到快乐，也无疑表明自己的性情之中已完全没有了暴躁的情绪。这就是我对迫害者们的报复方式。不理会他们，让自己过得快乐，就是我对迫害者们最残忍的惩罚方式。

毋庸置疑的是，只要没有任何事物阻碍自己，我的理智不仅允许甚至还指引我去追随那些吸引自己的嗜好。然而理智却不能告诉我这项活动吸引我的原因，也无法告诉我在一项如此无用的研究中我能发现什么魅力。我在研究中既没有取得什么进步，也没有学到任何有益的东西，反而还需要我这样一个年老体衰、反应迟钝、丢三落四的老糊涂，像孩童一样去做课堂般的练习和功课。对于如此奇怪的选择，我渴望找到其中的原因。我觉得，既然我余生之中最后的闲暇时光都在致力于进行自我了解，那么如果能找到上述原因，应该能让我对自己有一些新的了解。

有时我也进行一些深入的思考，但几乎从未因此而觉得快乐，反而总觉得是违背了自己的意愿，像被人强迫一般。遐思能使我快乐，为我解闷；思索会让我厌倦，感觉沮丧。对我而言，思索总是一件吃力不讨好的事情。我的遐思有时会以沉思结束，但更多情况下，我的沉思最后都会变成遐思。在这样的天马行空之中，我的心灵乘着想象的翅膀，到处漫游，穿越宇宙，感觉心旷神怡，无与伦比。

曾经，我完全沉浸于享受这份快乐，其他一切事物通常都吸引不了我的兴趣。然而当一些外部力量把我拽进了文学事业之中后，我逐渐认识到，脑力劳动会让人厌倦，而名声受挫则让人忧虑，我那甜美的遐思也渐行渐远，黯然失色。不久之后，我迫于无奈，心不甘情不愿地开始担心起了自己的悲惨命运，也极少能够再度体验到那种甜美的喜悦了。但是曾经有五十年，那种喜悦都一直取代着名望与财富，而且我不需要花费其他代价，只需要花一点点时间，就能让自己在慵懒之中成为凡尘中最快乐之人。

甚至我当时还曾担心，由于我对自己的不幸感到惶恐，我在遐思之时的想象中也可能会充满不幸。我还担心因为长期关注自己的痛苦遭遇，自己的内心可能会愈加烦恼，最终因不堪重负而压垮自己。在这种情况之下，出于一种天生的本能，我开始远离一切沮丧的想法，抑制自己的想象力，让目光只关注身边的事物，并且第一次开始仔细观察大自然壮丽的景色。而在此之前，我对大自然的思考还仅仅限于整体的景象。

树木、丛林与草木皆为大地的衣物，装饰着大地。在那些光秃秃的贫瘠乡村，映入我眼帘的只有沙、石和泥土，最是让人感觉凄凉。然而当大自然给予它生命，为它着上婚纱般靓丽的盛装，伴着潺潺流水、鸟鸣啁啾，自然的三界也展现出一片和谐场面。对人类而言，这就是一幅生机勃勃、魅力十足、沁人心脾的美好景象。也只有这样的景象，才能让人百看不厌。

面对此情此景，观察者的心灵越是敏感，这种和谐的景象在其心中所激起的乐趣也就越多。观察者的遐思，深入又快乐，牢牢地控制着他的感官，观察者因此而陶醉于这种无尽甜美的境界之中，感觉人与环境融为了一体。身边的具体事物在观察者眼中都变得模糊，眼中所见、心中所知的，只有一个统一的整体。当他正在竭力拥抱这个整体的世界时，如果要让他再观察具体的单个事物，则必须通过一些特定的手段，对其思想和想象进行限制和约束。

上述这种情形就曾在我自己身上自然而然地发生过。那时我的内心遭遇着不幸的折磨，而我则竭力汇集内心之中的力量，想要保存其最后一丝热情。而当时随着自己日渐沮丧，内心之中的热情几乎快要消失殆尽。那时我漫无目的地漫步于丛林与山间，并且因为担心增加自己的痛苦，所以也不敢想任何事情。我在想象之中避开一切痛苦的事物，任凭自己的感官去关注身边各种细微但宜人的东西。我的目光也飘浮不定，一会儿在这里，一会儿在那里。这样一来，不可避免地就观察了各种各样的事物，而其中有一些久久地吸引了我的注意力。

日复一日，我喜欢上了这种使用眼睛的消遣活动，而且它还能放松和愉悦我的头脑，让我不再去想那些不幸，并且忘记我们的苦难。这种消遣活动的魅力，很大程度上要归功于事物天生的一些特点。甜美的气味、绚丽的颜色、优雅的形状，似乎都在竞相争夺人们的注意力。凡是喜爱快乐之人，均会沉浸于如此惬意的感觉之中。如果说不同的人对此有不同的感受，那是因为有一些人缺乏对大自然的敏锐感觉，而且大部分人头脑中还充盈着其他想法，对于触动他们感官的事物也只有轻微的感觉。

还有一些人，虽然在其他方面极有品位，但是因为另一个原因而打消了对植物界的兴趣。这个原因就是，他们习惯把植物仅仅视为药品和药材的来源。值得一提的是，古希腊哲学家狄奥弗拉斯特对植物持有截然不同的看法，而他也算得上是古代唯一的植物学家了。也正因如此，他几乎不为当今世人所知。事实上，在一位名叫迪奥斯科里德斯的药书编纂家以及后世对其书进行注解的那些人们的影响下，医学上对植物大加利用，还将其变为了药材。如此一来，人们一见到植物，就只想到一些并非实实在在的东西，也就是张三、李四或者王五给它们赋予的疗效，没有人会想到植物结构本身也值得关注。那些花费毕生精力给贝壳进行学术分类的人，瞧不起植物学。他们认为，要让植物学研究有益，则必须包括他们所谓的性质研究，也就是说，必须放弃对大自然的观察，转而完全臣服于人类的权威。这种说法纯属无稽之谈，毫无道理，而那些权威者不过是在撒谎，还武断地要我们相信他们的话，而他们的许多话又往往是基于其他所谓的权威人士。如果有人在草地上逗留，一朵接一朵地研究点缀草地的那些花朵，那么别人定会认为这人是一位草药医生，还会向他讨要一些药材，去治疗小孩生的皮癣、成人结的伤疤或是马匹的鼻疽。

有些国家已经在一定程度上克服了这种令人讨厌的偏见，尤其是在英格兰。多亏了植物学家林奈，他在一定程度上将植物学从各种药学中解救了出来，恢复了其在博物学及农学中的地位。但是在法国，这门科学在上流社会中并不受待见，名流们在这方面的观念仍然比较落后，甚至有一位才华横溢的巴黎人，当他在伦敦见到汇集了各种奇花异草与珍稀树木的花园后，也顶多只能这样赞叹一句："这位药材商的花园真漂亮呀！"如果依照这种观点，那么，亚当就是这世上最早的药材商了，因为很难想象有谁的花园中收集的植物比伊甸园还更丰富。

毫无疑问，这种将植物与药物联系起来的做法，不利于吸引人们从事植物学的研究。这样的做法玷污了草地的颜色，暗淡了花朵的光泽，树林不再那样清新怡人，绿叶与树荫也因此变得单调乏味，失去乐趣。植物结构的各种细节，原本优雅迷人，但对于那些一心只想着将它们放在研钵中捣碎之人，却并无任何有趣之处。用作灌肠剂的材料，当然并不适合用来制作牧羊女的花环。

所有这些药物学的理论，并未玷污我淳朴的思想，各种浸剂与膏药离我的头脑也很遥远。当我在研究田野、果园、树林与其中的各类植物时，我常常在想，植物界真是大自然赐予人类与动物的一个丰富食品宝库，然而我还从未想过要在它们之中去找寻药材。虽然大自然物产丰富，但是我尚未在其中发现任何主动唤起人类如此用途的事物。倘若大自然给予了我们某些植物作此用途，她应该会像给予我们食物一样，对我们做一些提示。诚然，如果在丛林之中愉快地漫步之时，脑海中还想到各种人类的疾病，想到高烧、结石、痛风和癫痫，我这份漫步的快乐定会大打折扣。不过我并不否认人们赋予植物的这些强大功效，我只想说的是，如果植物确实有这些功效，那么一些病人久治不愈，就纯粹是出于恶意了，因为所有的人类疾病中，没有哪一种无法用二十种草药而获得痊愈。

世人往往将一切事物都与自己的物质利益联系起来，要在其中找寻利益或是良药，而在身体健康之时，对大自然的杰作漠不关心。在这一方面，我的态度与世人泾渭分明，向来不是如此。凡与自己需求有关的事物，总会让我心情阴郁沮丧。只有当我忘却了所有与躯体相关的利益时，才能在头脑之中真正体会到那迷人的快乐。因此，即使我笃信医学，也发现其疗效显著，其带给我的快乐也永远无法与来自纯粹和无私的深思那种快乐相媲美。只要与躯体的需求之间还存在瓜葛，我的心灵就无法插上翅膀，无法从自然界中得到超脱。此外，虽说我对医学从来都缺乏信任，但是我对那些自己热爱并高度尊敬的医生却曾经极为信任，把自己的躯体完全交由他们支配。十五年来，我为此吃了不少苦头，但也因此变得更为明智。现在，我再次让自己只遵从大自然的法则，而大自然也让我恢复了之前的健康状态。即使医生们对我没有别的不满，但是如果有一些医生恨我，谁又会对此觉得奇怪？他们的医术并无价值，而他们的疗法也并无用处。我自己就是一个鲜活的证明。

任何与个人利益相关的东西，任何涉及自己身体利益的事物，都无法真正让我内心着迷。每当忘记自我的存在之时，那种深思与遐想最是令人感到惬意。我感觉自己与世间万物和大自然融为了一体，喜不自胜，那种愉悦之情无法用言语来描述。曾经，我认为四海之内皆兄弟，还为自己制订了获取世俗幸福的种种计划。这些计划往往都着眼于全体大众，因为只有当众人幸福，我自己才会觉得幸福，我心中从未有过丝毫只顾自己幸福的想法。但是当我看到兄弟们却以我的不幸为代价，去换取他们自己的幸福，这一切就发生了改变。为了不对他们产生憎恨，我别无选择，只能选择逃避他们，在我们共同的母亲的怀抱中寻求庇护。在自然母亲的拥抱下，我努力回避她的其他孩子对我的攻击。从那以后，我开始了独处，或者用他人的话来说，变成了不合群的厌世者。与同那些靠背叛和憎恨取得成功的世间恶人交往相比，我更青睐这严酷的独处生活。

迫于无奈，我不再思考，免得不由自主地想到自己的不幸遭遇。我也压制着自己那残存的一点点能带来快乐、但已渐渐衰退的想象力，免得它为如此多的苦难所吓倒。我还努力去忘却那帮人，忘记他们对我的污辱与暴行，免得自己因为义愤而憎恶他们。纵然如此，我仍旧无法集中精力只关注自己，因为我那开阔的心胸会不顾我自己的意志，让我推己及人，考虑他人的情感与处境。而且我也无法再像曾经那样，迅速让自己投入大自然的辽阔海洋之中，因为我的各项官能都在衰老退化，不再能够找到足够明确、稳定又易得的事物并加以牢牢把握，也不再有足够的精力，能在之前感到喜不自禁的缥缈状态中徜徉。如今的我，思想之中几乎只剩下我能感知到的东西，而我的理解范围也无法超越自己的身边之物。

我离群索居，不再进行想象，思考得也更少，然而我又天生性情活跃，因而无法做到对任何东西都漠不关心、无动于衷。于是我开始对身边的事物产生了兴趣，而出于天然的本性，我选择了那些最令我欢喜的事物。至于矿物界，其自身并无任何魅力和吸引力。矿物界的宝藏都深埋于地球的深处，似乎为的就是要远离人类的目光，免得引起人类的贪欲，这些宝藏作为一种储备，注定会在以后某个时候，成为另外那些人类唾手可得的真正财富的补充。随着人类的日渐堕落，人类对容易得到的财富也失去了兴趣，然后想出各种办法，付出辛劳，去满足自己的需求。人们在地球的内部四处搜寻，深入其中，冒着生命与健康的危险，找寻想象中的财富。然而那些真正的财富，在人们可以享受之时，地球早就已经给予他们了。但是这些人却辜负和远离了太阳与光明，将自己活埋于地下。这样做倒也公正，因为他们也不值得再在阳光下生活。这里不再有乡村劳作那美好的场景，取而代之的是采石场、矿井、锻铁炉、熔炉以及各种铁砧、铁锤、烟雾和火焰。在矿井的恶臭气体中，可怜的工人们形容枯槁、面色憔悴，锻造工人满身漆黑，还有面容丑陋的独眼人，这就是地球深处的矿场展示给我们的一幅画卷。而在地面之上，我们看到的则是葱郁的草木与鲜艳的花朵、湛蓝的天空、含情脉脉的牧羊人，还有强壮的劳动者。

我承认，如果只是四处走走，收集一些沙子与石头，填满口袋，摆满研究室，让人感觉自己就像一位博物学家，要做到这些非常容易。但是只满足于如此收集之人，通常都是无知的富翁，他们仅仅是想要炫耀一下自己的学问罢了。如果要真正从矿物研究中获益，就必须成为化学家或物理学家，进行辛苦又昂贵的实验，需要在实验室中花时间进行研究，还要冒着生命危险以及常常伴随着健康损害，将大量的时间与金钱投入煤炭、坩埚与蒸馏器上，忍受令人窒息的各种烟气。这样的工作痛苦又乏味，而且往往最终更多的是满足自己的虚荣，而非获得多少知识。即使是最平庸的化学家，有谁不是在偶然发现一点小规律之后，就认为自己看穿了大自然的一切奥秘呢？

至于动物界，更容易为人们所了解，也确实更值得研究。然而这项追求毕竟也存在困难、障碍、麻烦与苦恼。对独居者而言尤其如此，因为无论娱乐还是劳作，他都无法指望别人来帮忙。仅仅有一个人，又如何能观察、解剖、研究并熟悉空中的飞鸟、水中的鱼类，或是四足动物呢？它们有的比风还轻盈，有的比人类还强壮，肯定不会主动来到我身边让我研究，而我也不太愿意去追逐它们，用武力征服它们来进行研究。这样一来，我可能就只有转而研究蜗牛、蠕虫和苍蝇了。我的生命，就会用来追逐蝴蝶，跑得气喘吁吁，抓捕一些可怜的昆虫，解剖一下能逮住的老鼠或是其他碰巧捡到的动物尸体。解剖能教会我们如何给动物分类，区分不同的种属，离开解剖，动物研究也就失去了价值。如果要研究动物的行为与天然特征，我还得需要禽舍、鱼塘与兽笼，还得想一些办法，强迫动物们待在我的周围。我既没有圈养它们的愿望与手段，也没有所需要的体力去让它们自由自在生活，然后去追逐它们。那么我就只能研究死亡的动物了。分尸，去骨，再将手伸进它们仍在颤抖的内脏！这样的解剖现场真让人毛骨悚然！发臭的尸体，死灰色流着脓的肉体，鲜红的血液，令人作呕的肠道，骇人的骨架，难闻的气味！相信我，让-雅克绝不会去这种地方寻找快乐。

鲜艳的花朵、缤纷的草地、凉爽的树荫，溪流、树林与绿地，都来帮我驱散想象力之中这些丑陋的场景吧。我的心灵已对抽象的刺激感到麻木，能让我的内心泛起涟漪的，只有通过感官得到的东西。我的这种知觉尚在，也只有它才能在现在带我感受世间的欢喜与痛苦。当身边有一些迷人的物体吸引我时，我会凝神注视，细细观察，然后进行比较，最终学会对其进行分类。你瞧！这样一来我也就成了某种意义上的植物学家，只因为要找寻热爱大自然的新理由，所以对大自然进行研究。

我并非想要再学些什么。对我而言，这一切已经为时太晚了，而且我也没从未听说这门学问对人生幸福有什么帮助。我的目标只是想找寻一种简单又惬意的消遣方式，我可以不费力气就可以享受，还能分散自己对生活不幸的注意力。在花草与植株之中信步而行，既不费什么金钱，也不费什么心思；然后，再观察一下这些植物，对比一下它们的不同特征，发现它们的异同之处；最后，还可以研究一下植物的组织结构，考察这些生命结构微妙的运行方式，偶尔还能成功发现其一般规律和其不同结构的原因与功用。是大自然之手让我得以享受这一切，我深深地陶醉在对其无尽的钦佩之中。

地表上的各种植物，数不胜数，仿似分布于天空中的繁星一般。人们受到兴趣与好奇心的诱惑，进而对大自然进行研究。然而星辰太过于高远，要接近它们、了解它们，我们需要一些基本的指导和各种仪表和机器，就像用它们为我们架起长长的梯子。至于植物，大自然让我们对它们触手可及，它们就在我们的脚下生长，也可以说就在我们的股掌之间。纵然一些重要的部分有时过于细小，肉眼不可见，但此刻所需的仪器也远比那些天文仪器更简单易用。对于慵懒又空闲的独居者而言，植物学实在是一项理想的研究活动，要观察植物，所需要的全部设备就仅仅是一把刀片和一个放大镜。他可以四处闲逛，一会儿看这个，一会儿看那个，完全根据自己的兴趣爱好与好奇心对植物进行思考。如果能掌握植物结构的规律，他还能通过这种观察活动，轻松获得与需要投入大量精力相同的那种强烈的快乐。这项理想的消遣活动很有魅力，但这种魅力只有当人们的激情完全平静之后才能体会得到，然而一旦体会到了之后，就足以使我们生活得惬意与幸福。不过，一旦个人利益或虚荣心掺杂了进来，想要获取地位或出版著作，一旦为了教别人而学习，只是为了成为作家或教授而投身植物学，一切美好的魅力就会消失殆尽，植物就仅仅成了我们激情的工具，研究它们也体会不到真正的快乐。这时我们不是想要了解它们，而是为了炫耀我们对它们的了解，连树林也仅仅成了我们寻求他人喝彩的公共舞台。也有一些人，他们将自己的关注点仅仅局限于研究室，或者至多限于植物园，不去观察自然环境中生长的植物。这样的人只关注系统与方法，但这又是一个永远充满争论的话题，而且也不会发现任何新的未知植物，对自然史或植物界也没有任何真正的贡献。并且还由此使植物学著作的作者变得与其他学者一样，甚至有过之而无不及，相互之间产生仇恨与嫉妒，追名逐利。这项令人愉快的研究就这样被这些人扭曲了，失去了其真正的本质。而且，人们还将这项研究换到了城镇和学院里进行，如同外来植物进了收藏家的花园，也就蜕化变质了。

我个人对植物学研究的态度则截然不同，我也因此着迷于这项研究之中，让它填补了自己放弃曾经那些痴迷的活动后所留下的空虚。我翻山越岭，还进入不见天日的峡谷丛林之中，尽量把自己隐藏起来，免得被那些恶人惦记和伤害。在森林之中，绿荫深处，我感觉自己已被世人遗忘，可以无忧无虑、自由自在地生活，仿佛我已经没有了敌人。森林中的树叶还抹去了我头脑中敌人的记忆，仿佛给予了我保护、使我免遭敌人的攻击。我还傻傻地认为，只要我不去想他们，他们也不会想起我。有了这样一种幻觉，我顿感心满意足。只要自己的状况、虚弱的身躯和自身的需求都允许，我愿意彻底沉浸于这种幻觉之中。而每当自己的生活越孤寂，我就越发感觉到需要一些东西来填补其中的空白。当我的想象力无法提供给我这些东西，或者我的记忆抑制了它们时，来自大地的丰富物产就会来帮忙，四面八方呈现于我的眼前。并且这些物产都是天然而生，没有任何人类的干预。去往一些偏僻之处找寻新的植物，本身就非常快乐，而且还同时能让我避开那些迫害者们。每每到达一些人迹罕至之处，我就能畅快淋漓地呼吸，仿佛自己正在避难，到达了迫害者们的仇恨也鞭长莫及之处。

有一次，我去到了克拉法官拥有的罗贝拉山的山坡上，进行植物考察，这一次考察让我终生难忘。那一次，我独自一人沿着夹在岩石之间的羊肠小道前行，穿过一片又一片的灌木丛，越过一块又一块的岩石，最后到达了一处隐秘的角落，那是我所到过的最偏远之处。深色的冷杉与巨大的山毛榉混生在一起，其中有一些树龄较大的树已经倒在了地上。这些树木构成了一道不可逾越的路障，让那里成了一处隐秘的庇护之所。这道阴暗的壁垒之中，尚有几道缝隙，透过这些缝隙，只能看到陡峭的岩石和骇人的悬崖峭壁，而且，我还只敢趴在地上才敢去看。从山间峡谷之中，传来了猫头鹰、小鸮和老鹰的号叫声，而种类更多的其他一些常见鸟类也不时发出鸣叫之声，让这片孤寂之地变得没那么恐怖。就在这里，我还发现了七叶碎米荠、仙客来、巢蕨、大拉泽花和其他一些植物，这让自己着迷和欣喜了好大一阵。不过，随着我渐渐沉醉于那周边的环境，那种强烈的影响使自己忘记了植物学，将各种植物抛诸脑后。我靠着石松子和苔藓而坐，想象自己正身处一处被整个宇宙遗忘的庇护所，迫害者永远也找不到自己，于是便心满意足地开始了遐想。很快，这种遐想还掺进了一丝自豪感，我觉得自己完全可以与那些发现荒岛的大探险家相媲美，还自鸣得意地自言自语："毫无疑问，我是第一个涉足于此的人。"那时我几乎认为自己就是第二个哥伦布。正当我沉浸在自我陶醉之中时，忽然听见不远处传来了一阵熟悉的咔嚓咔嚓的声音。我侧耳倾听，噪声再次响起，然后又多次重复。顿时，我感到惊讶与好奇，于是便起身穿过一片灌木丛，朝着噪声传来的方向走去。就在离我刚刚还以为自己是第一个到达者之处二十米远的地方，一个丝织厂赫然出现在小山谷中。

这一发现让我感到困惑，也让我内心产生了矛盾。那种感觉简直无以言表。在之前自己认为孤单一人的地方发现还有其他人类，我的第一反应是欣喜。然而这种感觉只是一闪而过，很快，我就陷入了沮丧之中，因为即使在阿尔卑斯山的腹地，我竟然都无法逃离那些狂热迫害者的残酷之手。在那座工厂里，我可以肯定，仅仅只有两人没有参与芒特莫兰牧师组织的那次阴谋，而这件事情背后的起因更加千丝万缕。不过我很快打消了头脑中这种悲伤的想法，最后对自己进行了一番自嘲，既笑自己太幼稚的虚荣心，也笑自己所受的惩罚太滑稽。

然而，毕竟谁又能料到，在这悬崖峭壁包围之中竟然藏着一家工厂？放眼全世界，唯一一个原始大自然与人类工厂混杂在一起的国家就是瑞士。整个瑞士仿佛就是一座巨大的城市。瑞士长长的宽阔街道，比圣安托万路还长，种满了树木，还穿越了一座座高山。稀疏散落的房屋之间，则间隔着一座座英式景观花园。在这方面，我又回想起另一次植物考察。那是不久之前，我和杜·佩武、戴歇尼、普利上校以及克拉法官一起去了勒沙塞龙山，在这座山的山顶能看到七个湖。有人告诉我们，这座山中只有一座房屋。如果不是他们还告诉了我们这房屋主人的职业，我们肯定猜不到这房屋的主人原来是一位书商，而且在本地还做得生意兴隆。我认为，只需要一件这样的事实，就能胜过旅行家们对瑞士千言万语的描述。

还有一件多多少少类似的事情，也同样能让人更好地了解某一类特别的人。我曾在格勒诺布尔待过一段时间。当时，我常常在离城不远的地方做短距离的植物考察，而且经常是和一位名叫博维尔先生的当地律师一起。这样做的原因，倒不是因为博维尔先生通晓或喜爱植物学，而是他自命为我的警卫，并定下规矩，要让我尽量不脱离他的视线。有一天，我们沿着伊泽尔河散步，那儿长满了鼠李属植物。就在灌木丛中，我发现了一些成熟的浆果，出于好奇，我先摘了一两颗尝了一下，发现其味道甜美，略带酸味，于是我开始吃了起来，也正好解解渴。那时，那位值得钦佩的博维尔先生就站在我的旁边，注视着我，一言不发，也没有跟我一起吃浆果。刚好，他的一位朋友那时正从我们身旁经过，见我正在吃着那些浆果，便向我发问：“先生，您在做什么呀？您难道不知道这些水果有毒吗？”“有毒！”我惊讶地发出了尖叫。“当然，”他的那位朋友回答道，“人人都知道它们有毒，本地人绝不会吃的。”我于是盯着博维尔先生问：“您刚才怎么不提醒我呢？”他毕恭毕敬地回答：“哦，先生，我刚才不敢冒昧告诉您。”这就是多菲内省人典型的谦卑方式。对此，我忍不住哈哈大笑起来，不过那个东西我也不敢继续再吃了。我一直都认为，只要是美味可口的大自然产物，都不会对我们造成伤害，除非我们过量食用。不过我必须得承认，这件事发生之后的那一整天，我都非常关注自己的身体，幸而除了自己有一点担心外，并无其他事情发生。晚餐时，我还胃口大开，后来睡得也更香，第二天早晨起床后安然无恙。第二天，格勒诺布尔的人也对我说，这种可怕的浆果哪怕吃一点点也会中毒，而我在前一天可是吃下了十五个到二十个这样的果子。这件小小的奇遇令我忍俊不禁，每每回想起来时，我都会忍不住嘲笑博维尔律师那种奇特的谨慎。

我所有这些植物考察之行，那些见到过难忘之物的地方所留下的不同印象，那些事物在我心中所激起的想法，都深深地留在我的记忆之中。只要一见到我在那些地方所采集的各种植物，那些记忆中的印象就会再次在我脑海中浮现。此生我再也无法见到感动过我的那些美丽的风景，那些森林、湖泊、丛林、岩石和高山了，然而，虽然我不能再到那些快乐之处漫步，我却只需要打开我收集的花朵，便可心驰神往。我曾经在那些地方采集的各种植物片段，足以让自己回想起那里的一切动人场景。这些收藏的标本，就如同是自己的考察日志，看着它们，就能让自己再次快乐地出发。它们就像一件光学仪器，把我曾经所到之处再次带回我的眼前。

这一系列附带的想法，正是我喜爱植物学的原因。它们为我汇集，也帮助我回忆那些我最爱想象的各种形象：草地、流水、树林、幽静，以及更重要的是在那里可以感受到的安宁与平静。所有这一切，都能借助它们在我的记忆中如魔法般一下子出现。我也因此而忘却了他人的迫害、仇恨、鄙视、侮辱，忘却了他人用来回报我的真诚与依恋的种种恶行。借助它们，我能够再次回到那些寂静之所，与那些我曾经认识的单纯又善良之人共处。它们也能让我回想起自己的青春岁月和天真无邪的快乐，并且再次体会那些乐趣。尽管现在的我遭遇了凡人之中最悲惨的命运，我也能因此而时常感受到幸福与快乐。

漫步遐思八

对自己一生之中不同境遇之下的心理状态，我进行了一番深思，然后我惊讶地发现，如果将自己命运的起伏与我随之产生的总体幸福感或沮丧感进行比较，这二者之间并不成正比。我曾有过几段短暂的顺利时期，虽然当时也乐在其中，但是几乎没有给我留下什么深刻持久的印象，也没有留下什么美好的回忆。相反，我人生中所有的苦难岁月却总是充满着深情、感动与愉悦的情绪，它们治愈了我受伤的心灵，仿佛还能将心灵的痛苦转变为快乐。我后来每每回想起来的，正是对这些情感的甜美记忆，但我在体验这些情感时遭受的苦难，却没有同时出现在我的脑海之中。似乎可以这样认为：只有当命运让自己的情感聚焦于自身的心灵，也不再追逐那些世人珍视但本身并无多少价值之物时，我才能够更加完整地体会到存在的乐趣，我的生活也因此更加充实。世人所谓幸福之人，唯一在意的却是那些本身并无什么价值的东西。

当我一切顺风顺水，对身边的一切感到心满意足之时，我的情感也会投向身边的事物。我的内心开始膨胀，对其他的事物也进行关注。因此在那段时间，我的心总是为各种外物所吸引，着迷于成千上万的兴趣与依恋之中，乃至忘记了自我。我的整个身心都放在了身外之物上，但内心却总是躁动不安，感觉人生无常。这种变幻莫测的生活，使我的内心无法平静，也无法带来躯体的休养。尽管我表面上非常幸福，但没有任何一份情感禁得起思想的考验，也没有任何情感能让我完全从容自如。无论对他人，还是对自己，我都从未感到完全满意。那时，在喧嚣的尘世之中，我感到茫然，然而我又对独处感到厌倦。如此一来就总是想着搬家，然而无论在哪里都找不到幸福。不过当时的我很受青睐，人们张开双臂欢迎我、重视我。那时我没有任何敌人，无人恶意待我，无人妒忌我。别人常常热心助我，因此我也常常愿意作出回报，而且回报许多的人。就这样，尽管我无钱无势，没有庇护人，也没有学到或拥有什么杰出的能力，但是我享受到了各种相关的好处，而且没有觉得任何比我更优秀或更差劲之人的处境值得我忌妒。那么我当时究竟还需要些什么，才会感到幸福呢？我不知道答案，只知道我当时并不幸福。而今又是什么，让我没有成为最不幸的世人呢？那帮人能做的都已经做了。尽管如此，即使在最悲惨的处境下，我也不愿意和他们之中最幸运之人交换处境。我宁愿带着自己所有的不幸做我自己，也不愿意成为他们飞黄腾达之时的其中一员。现在的我孤身一人，的确只能靠自己来满足自己的需求，但这种来源所提供之物永不会减少。即使我只能凭空想象，纵然我的想象力枯竭、思维也不再活跃，已不再能为自己的心灵提供多少养分，我仍然能做到自给自足。只是如今在各种躯体器官的影响与妨碍之下，我的心灵承受着重压，日渐失去活力，身形佝偻，不再像过去那样有足够的力量挣脱衰老躯壳的束缚。

在遭遇逆境时，人们就不得不直面自己。也许这也是大多数人觉得逆境难以忍受的原因。对我而言，我只有一些过失需要自责，而且可以自我安慰，将其归咎于自己的软弱。我脑海中并未事先策划过任何恶行。然而如果不是完全麻木不仁，又如何能在思量那帮人带给我的这番处境时，不能随时发现其中的可怕之处呢？又如何能不在悲伤与绝望中老去呢？我的实际情况却恰好截然相反。我属于最为敏感的一类人，然而我却能在思量自己的处境时无动于衷，也不去费力挣扎。面对几乎人人都感到震惊的这番处境，我的反应近乎冷漠。

这一切是如何做到的呢？当我刚开始对自己早已不知不觉卷入的阴谋有所察觉时，我的心态也丝毫都不平静。那番新的发现让我无法接受。阴谋之中的邪恶与背叛让我震惊。一颗真诚的心灵，哪里准备过面对这样的痛苦呢？恐怕只有罪有应得之人才会预料这种事情的发生。别人为我挖了陷阱，我就那样掉了进去，然后我陷入了愤慨、暴躁与狂乱之中。我迷失了方向，不知所措，情绪混乱。那帮人将我一直困在可怕的黑暗之中，我看不到任何光明的指引。没有任何支持，也没有任何立足之处能让我振作起来，帮助我战胜笼罩自己的绝望情绪。

面对这样的处境，怎样才能平静又幸福地生活呢？尽管我的处境没有改变，或者说变得更糟糕了，但是我仍然在这样的处境之下，重新恢复了安详与宁静，过上了平静又幸福的生活。对于迫害者们不断制造的骇人折磨，我嗤之以鼻。那些折磨只能影响他们自己，而我则过着宁静的生活，忙于摆弄花花草草和做一些其他单纯的事情，一刻都不曾想起过那帮人。

这一切是如何做到的呢？那是一个自然而然发生的微妙过程，而且毫无痛苦。一开始，我确实非常震惊。本来我认为自己是一个值得爱戴和尊敬之人，也理所应当地得到了尊重与热爱，但刹那间，我却发现自己被人说成一个闻所未闻的可怕怪物。之后整整一代人都仓促鲁莽地相信了这样怪异的事情，没有解释，没有怀疑，也不觉得羞耻。而我自己则甚至都没有机会去寻找这种离奇变化的原因。于是我奋力挣扎，然而却越陷越深。我也曾努力要迫害者们与我公开辩论，但他们却想方设法回避。如此这番，我让自己受了很长一段时间的折磨，然后只得停下来歇口气。不过那时，我心中仍然抱着希望。我告诉自己："这种愚蠢又盲目的看法，这种荒唐的偏见，绝不可能影响全部人。理智之人是不会如此愚蠢的，而公正的灵魂都憎恨背叛与欺骗。让我找一找，也许最终我会找到这样一个人。找到之后，那帮人就会惊慌失措。"可惜我徒劳无获，并未找到哪怕是一个这样的人。他们结成了大众同盟，无法改变，也没有例外。因此，我确信自己将在这种受排斥的处境中度过余生，永远也解不开这个谜团。

正是在如此悲惨的处境之中，我承受了多年的痛苦煎熬，才最终从似乎是自己宿命的绝望之中走出来，进而重回宁静、安详、平和乃至幸福的状态。人生中的每一天，我都快乐地回忆起前一天的喜悦，从未想过下一天需要进行丝毫的改变。

这种处境的转变从何而来？有且只有一个原因：我学会了承受无法逃避的枷锁，而且不再抱怨。此前我曾竭力寻找各种依靠，而如今这些依靠一个接一个失去，只剩下我自己，但我最终仍然牢牢站住了脚。面对四面八方的压力，只因我完全依靠自己，不寻求其他依靠，所以才能继续屹立不倒。

过去，面对大众舆论，我常常激烈地抗争，不知不觉中沦为了它的奴隶。我们尊重他人，因而也想得到他人的尊重。当我认可世人时，至少说是认可某些人时，我无法完全忽视他们对我的看法。我曾经认为，公众的评判一般都是公正的，却未发现这种公正常常只是碰巧出现的。人们用来确定自己看法的标准仅仅是激情的产物，或者是出于激情产生的偏见。即便在他们的评判结果正确的时候，其评判的动机也往往并不公正。比如，一些人会假装对某位成功人士的优点进行赞扬，但并非出于公正，而是为了让别人感觉自己大公无私，而且他们早就准备好了在其他方面对这位成功人士进行诽谤。

经过长时间徒劳无果的找寻，我认识到了，那帮人无一例外，都坚持着那些极其荒唐不公的看法。那些看法也只有地狱之徒才能捏造得出来。我发现，凡与我相关时，人们的头脑就失去了理智，心中也没有了正义。这疯狂的一代人，完全狂热地盲从于一些指挥者，去针对一个从未伤害过任何人、从未对任何人有过恶意、从未以恶制恶的不幸之人。就这样，经过了枉然的苦苦找寻之后，我最终熄灭了那盏希望之灯，大声疾呼："没有这样的人了。"就这样，我发现自己在这世上形单影只，并且知道了当代这些人对我的做法只是像自动机器一般，完全受着外部推动力的控制。只有根据运动的定律，才能推测出他们的行为。就算我能揣摩出他们的意图和情绪，也无法对他们针对我的行为作出合理的解释。因此，我不再关心他们的内心感想，我只把他们视为天生做不同运动的躯体，与我不再有任何道德意义上的联系。

人们在遭遇各种灾祸时，往往更在意它的动机，而不是它造成的结果。屋顶上掉下一块瓦片，可能会让我们受重伤，但恶毒之人故意扔一块石头，会让我们心中感受到更深的伤害。即使石头有时打不到人，但这种恶意也总能伤害人。当遭遇命运的打击时，躯体的伤痛是感受最不深的。人们在遭受不幸时，如果不知道应该归咎于什么人，就会将其归咎为命运。命运被拟人化，有了眼睛与思想，还以折磨遭受不幸之人为乐。同样，当有赌徒因为输了钱而生气后，也会想找出一个敌人来发泄愤怒，但他又不知道这个敌人在哪里。于是，他会把命运想象成故意来专门折磨他的人，这样就有了发泄的对象，然后对自己创造出来的这个敌人大发雷霆。明智之人在面对自己的不幸之时，会认为这些不过是随意但无法逃避的打击，不会因此而毫无理智地烦躁不安。面对痛苦，他会大声叫喊，但不会愤怒和苦恼。他所感受到的，只是困扰他的这些不幸之事所带来的躯体影响，虽然身体可能会因此受到伤害，但心灵绝不会遭受创伤。

能做到如此之人，已实属优秀，然而如果止步于此，则仍然还有不足之处。仅仅止步于此，就如同对灾难斩草不除根。这根不在我们之外，不在他人那里，而是在我们自己身上，需要我们竭尽全力去拔除。当我的身心开始要恢复平静时，我就明确意识到了这一点。借助理性之光，我发现，对于发生在自己身上的各种事情，我所努力寻求的各种解释都极为荒唐愚蠢。由此，我也意识到，既然我不知晓，也无法理解这个中的一切原因与手段，就应该彻底忽略它们。我应该将命运中的一切起伏，都视为纯粹必然之事，不应该为此再去寻找任何动机、目的或道德原因。我只需要顺从命运的安排，无须争辩和反抗，因为争辩和反抗都是徒劳无益的。在这世间，我唯一需要做的就是绝对的顺从，不应该再浪费精力去与命运抗争，而应该把精力省下来忍受命运。这就是我当时对自己的告诫。我的理智与内心都对此表示赞同，不过我仍然感觉得到，我的心里并非完全服气。这种不满之情从何而来呢？一番找寻之后，我发现了答案，原来它根源于我的自恋之心。由于对他人感到愤慨，它仍然在与理智进行对抗。

这一发现过程并没有想象中那样容易。因为无辜又受迫害之人，太容易把自己那一点小小的自豪感，误以为是对正义的纯洁之爱。然而，一旦找到了真正的根源，也容易补救，或者说至少可以将其引向另一个方向。对于内心自豪之人而言，自尊就是最大的动力。而自恋，又会令人产生各种幻觉，它也常常伪装成自尊出现。不过一旦我们揭穿了它，自恋之心也就无处藏身了，我们无须再畏惧它。虽然要根除自恋并不容易，但要征服它并不困难。

我从未对自己过于自恋，但是当我在尘世中行走之时，尤其是曾经身为作家的那一段时间，这种做作的情感曾经一度膨胀。也许和其他作家相比，我的自恋程度还要少一点，但仍然已经过分了。很快我就尝到了惨痛的教训，也让我的自恋回归了原样。起初这种自恋之心会与不公正之事产生对抗，但到了最后就只是进行藐视了。它转而依靠我自己的内心，切断与那些让它变得苛刻的外部事物之间的联系，也不再有任何与人对比孰优孰劣的念头。只要自己觉得自己不错，也就心满意足了。就这样，这种自恋又回归到了自爱的正确轨道上，回归其本来的自然状态，也让我不用再受公众舆论的残酷约束。

从那时开始，我又恢复了内心的宁静，可以称得上幸福了。无论我们处境如何，唯一能使我们一直感到不幸的，就是自恋之心。当自恋保持缄默之时，我们就能倾听理性的声音，最终能让我们在面对自己无力回避的种种不幸时，找到一些安慰。事实上只要这些不幸并非立刻就对我们产生影响，理性就还能让它们消失，因为只要我们不去关注它们，就肯定不会被它们伤得更深。对于不理会它们之人而言，它们也就等于不存在。只要我们在遭受苦难之时，只关注苦难本身，不去考虑其背后的动机，并且我们的自尊也不依赖于别人的善意而存在，那么对我们而言，侮辱、报复、困扰、伤害、不公这些就什么都不是。无论世人如何看待我，都无法从本质上改变我。任凭他们如何玩弄权术、策划阴谋，我都不会理睬，我将继续做现在的我。当然，他们对我的态度会影响我的物质状况。他们为我设置了一道障碍，使我在年迈之时、困境之中无法获得维持生计和帮助的资源，甚至让我的金钱失去用处，因为我无法用钱买到需要的帮助。我与他们之间没有交往，没有互助，也没有沟通。茫茫人海之中，我只有自己可以依靠。在我这样的年纪，身处如此的境况之下，这种依靠的力量有些薄弱。这样的情况确实不幸，好在自己已经学会了耐心地忍受，也就不再觉得非常痛苦了。我们每个人真正需要的东西其实并不多，但我们的各种展望与想象却让这种需求倍增。正是这些无休无止的担心，使得我们焦虑与惆怅。不过即使我知道明天就会有灾难，只要今天没有受苦，我也能做到快乐满足。我不会为预想中的苦难所影响，只有实际感受到的苦难才会对我有影响。如此一来苦难就所剩无几了。独居的我一个人卧病在床，可能会在贫寒与饥饿交加中死去，无人关心。然而如果我自己都不在意，像旁人一样，不计较我自己的命运，那么无论我的命运如何，一切又有什么关系呢？一个人，尤其是在我这样的年纪，如果能学会看淡生与死、疾病与健康、富有与贫穷、荣誉与诽谤，难道不是一种小小的成就吗？所有其他年迈之人，事事都在忧虑，但我不担心任何事。无论发生任何事情，我都不会在乎。这种漠然处之的心态，并非我本人智慧的结晶，而是拜自己的敌人所赐，也算是因为他们让我遭受不幸后对我的补偿。是他们让我能对逆境漠然处之，这样一来，反而比不打击我还更让我受益。如果自己从未经历过逆境，肯定仍然会对它感到恐惧，但是到了现在，我已经征服了它，也没有什么理由再去害怕了。

有了这样的性情，纵然是自己在身处苦难之时，也能自然而然保持对事情的淡然心态，与自己在飞黄腾达之时完全没有什么不同。身边的一些事物偶尔会短暂地唤起我痛苦的焦虑感，但是在其他时刻，我都会追随自己内心的情愫。我的心灵也一直以其天生就喜爱的各种感情为养料，并且我还想象出一些人物，他们会促进这些情感的产生，然后与我一起分享这些情感，仿佛这些人真正存在一般。我是这些人物的创造者，他们为我而存在，我也毫不担心他们会背叛我、抛弃我。他们将与我的不幸同在，也足以使我忘记自己的不幸。

这一切，让我回归了甜美与幸福的生活。过这样的生活原本就是我生来的目的。我的人生之中有四分之三的时光，要么忙碌于一些有益、有时非常愉悦之事，惬意、纵情地投入自己的思想与精力，要么和自己追随内心的愿望创造出来的一些想象人物沟通，用他们的存在满足自己内心的渴望；要么与自己自娱自乐，满足于自我的陪伴，享受自己认为有资格享受的幸福。所有这一切都完全出于自爱之心，与自恋无关。这一切在我那段不幸的时光中并不存在。那时我与世人相处，被他们的犹大之吻玩弄，为他们夸张又空洞的巴结奉承与口蜜腹剑所欺骗。在这些情况下，尽管我百般努力，但自恋之心仍然总会浮现。在他们拙劣伪装的心灵之中，我看出了仇恨与敌意，并因此而感到痛苦。除了这种痛苦，一想到如此可笑地被他们愚弄，也让我产生孩子气般的憎恨。这些痛苦与憎恨，都是愚蠢自恋的产物，我能清晰地洞察到其愚蠢之处，却无力抑制。为了使自己不去理会这些侮辱与嘲讽的目光，我付出了难以置信的努力。我曾经上百次地行走于公共场所之中，穿行于繁忙的大道之上，一心只想着要学会忍受那些冷酷的目光。然而我没有成功，甚至没有任何进步。经历了那些痛苦与徒劳的努力之后，我仍然与之前一样脆弱，容易生气、受伤与发怒。

无论喜欢与否，我总是受到自己感官的控制，从来都无法抵御感官所产生的印象。只要感官受到外物的影响，我的心灵就同样会受到影响，不过这种情绪持续时间短暂，只要引起相应感官之物消失，它也会烟消云散。当憎恶我的人出现在自己面前时，我会感受到强烈的影响，然而只要他在我眼前消失，我的情绪也就平静了。眼不见也就心不烦。纵然是我知道他们还会算计我，我也不会因此而忧虑。没有亲身感觉到的痛苦，对我没有丝毫影响。不在眼前的迫害者，对我来说也就等于不存在。我知道，对于控制我命运之人而言，这给他们带来了好处。他们想怎样控制我的命运，就随他们怎样去做吧。我宁愿直面他们对我的折磨，也不愿为了保护自己不受他们的伤害，而去强迫自己思考那些折磨。

一生之中唯一折磨我的，就是自己感官对心灵的影响。在我不与其他人见面的日子里，我从不会考虑自己的命运，不会意识到命运的存在，也不会有痛苦；我快乐地生活，心满意足、无忧无虑。不过大多数时候，我无法全部回避一切能让我痛苦的感官印象。有时虽然头脑中丝毫没有想起那些东西，但当我看到某个手势、某个邪恶的眼神，听到某些刻薄的评论，或见到某个恶毒之人时，也足以让我彻底心烦意乱。在这样的情况下，我唯一能做的，就是赶快逃离，赶快遗忘。只要祸根一除，我内心的骚动也就消散了，而当我再次独处时，就又能感受到内心的宁静。如果说真有让我忧虑之事，那就是担心会遇见使自己不快之物。这是唯一会引起我沮丧的根源，却足以毁掉我的幸福。我现在住在巴黎的市中心区域，每次出家门之后，我都渴望去到寂静之处，去乡村漫步。但它们离我的住所距离遥远，所以在我能够畅快呼吸之前，不得不遭遇令人郁闷的成百上千种事物。在我到达自己向往的庇护之所前，有半天的时间我都得在苦闷中度过。事实上，对于自己可以去到那样的地方，我感到非常幸运。摆脱了恶人之时我心中无比喜悦。伫立于树林之下，周围被绿叶环抱，我顿觉自己身处人间天堂，内心喜不自禁，仿佛自己就是世间最幸福之人。

如今的我陶醉于孤独漫步之中。但是我清晰地记得，在自己短暂的辉煌岁月里，这样的漫步让我感到单调乏味。那时我曾和他人一起在乡间居住，为了锻炼身体和呼吸新鲜空气，我也常常一个人走出去散步。我常常像小偷一样偷偷溜出门，在公园或野外漫步。但是那时我感受到的根本不是今天这种宁静的幸福。漫步时在自己脑海中躁动的，是来自沙龙中各种无聊的想法。虽然是一个人在漫步，却总是想起之前我刚刚离开的那群人。再加上心中的自恋之情与尘世的喧嚣，这一切让我眼中翠绿的丛林变得暗淡模糊，也惊扰了自己在僻静之处享受的宁静。纵然我有时逃离到丛林深处，仍有人群到处对我纠缠不休，横亘在我与大自然之间。只有当我远离了社会交往产生的各种情绪，摆脱了让人不快的那些追随者之后，才又再次完整地体会到大自然的全部魅力。

我还确认了一点，那就是自己的一些无意识反应我是无法压制的，于是我也放弃了压制它们的企图。每当有人激怒我，我会任由自己热血沸腾，任由感官充满愤恨与恼怒。我知道，自己即使竭尽全力也无法阻止和压制它们，所以干脆让它们先顺其自然地发泄一下。我所要做的仅仅是不要让它们造成不良的后果。我双眼发光，满脸通红，四肢颤抖，心脏跳得飞快，感觉就要窒息。这一切都是纯粹的躯体反应，毫无理智的影响。然而当这种最初的自然爆发结束后，我们又可以重新成为自己的主人，逐渐恢复对感官的控制。有很长一段时间，我一直努力这样做，但都徒劳无获，直到最后才稍微取得了一些成功。我不再浪费精力做无谓的反抗，只等待时机，用理智去取得胜利。但是理智又只在其能发声之时发挥作用。唉！我都在说些什么？我的理智？也许将这番胜利归功于理智是极其错误的，它与理智几乎没有什么关系。我的一切行为都源自自己那反复无常的性情，在狂风之下会变得激动，风停后便又恢复宁静。我性格之中的热情让我能激动兴奋，而其中的冷漠又让我能变得平和。我任由各种瞬间的冲动左右自己，它们会带给我强烈但短暂的影响，一旦冲动结束，其影响也就随即消失。来自外界的一切东西都不会在我内心中长存。对于我这种人，命运的沧桑变化与世人的阴谋诡计都没有多少作用。要想让我的痛苦持续，就得让引起痛苦的外部根源一直不间断。只要出现间断，哪怕时间再短，也足以让我重回自我。只要他人能影响我的感官，我就会落入他们的摆布之中，但是只要他们有一刻松懈，我就会回到自己自然的状态。无论世人对我的所作所为如何，这一直都是我最持久的状态。纵然命运坎坷，在这种状态之下，我仍能享受到自己生来就喜爱的那种幸福。这种状态我也曾在之前的另一篇漫步遐思中提及，它极其符合我的性情，所以我唯一的愿望，便是希望这种状态能一直持续下去，永不受打扰。世人对我做的坏事，对我没有丝毫的影响，但对他们接下来的所作所为之担心，却足以让我焦虑不安。然而我可以确定，他们找不到什么新的手段让我长久地承受痛苦，所以我嘲笑他们的一切伎俩，并且全然不顾他们，只管享受我自己的人生。

漫步遐思九

持久的幸福状态似乎并非为凡尘中人所设。世间的一切永远都处于兴衰沉浮之中，没有任何事物可以保持永恒不变。我们周围的一切都在变化，连我们自己也在改变。没有人敢肯定，今天所爱之物，明天就一定会同样喜爱。因此今生的一切幸福规划，不过都是毫无意义的幻想。当我们内心宁静时，就好好珍惜利用吧。不要让我们的所作所为赶走了这份宁静，但也不必制订计划去抓住不放，因为这样的计划本就是荒唐的。我很少见到表现出幸福的人，也许从来都没有见到过。然而我却见过许多表现出自我满足之人，并且在所有映入我眼帘的场景之中，那样的场景也最能让我自身感到满足。我认为，这是自己的感官对内心情感产生了影响后出现的自然结果。幸福难以通过外部的表现来识别。要想一眼看穿，必须能够读懂幸福之人的内心。然而一个人是否满足，会在眼神、举止、话语和步伐上表现出来，仿佛还会将他的感受传递给旁观者。当我们看到整整一个民族的人都沉醉于节日的喜悦之中时，在快乐的光芒照耀之下，他们心花怒放，虽然时间短暂，但是非常强烈，赶走了他们生活中的阴霾，还能有什么比这样的场景更甜美、更令人满足呢?

三天前，P先生来拜访了我，他当时特别急切地为我展示了乔芙兰夫人的讣告，撰写者是达朗贝尔先生。读正文之前，他先评价了这则讣告，说它写得有些奇怪可笑，还包含了许多无聊的文字游戏，为此他还一直哈哈大笑个不停。直到开始读正文时，他仍然还在放声大笑，但看到作为听众的我表情严肃，他才安静了下来。他发现了我没有附和他，也就终于停止了笑声。这则讣告中篇幅最长、写得最详细的部分，描述的是乔芙兰夫人与孩子们会面并与他们交谈时感受到的快乐。作者写出乔芙兰夫人的这种喜好，确实能恰当地证明其心地善良。不过他并未就此停笔。接着作者毫不犹豫地控诉那些不具有这种喜好的人，认为他们品质败坏、冷酷无情。他甚至声称，如果拿这件事去审问一下马上要被执行绞刑或车轮刑的人，那些人一定都会承认自己不喜欢儿童。在整篇讣告里，这些论断显得与其他内容格格不入。即使这些论断全部都正确无误，在这种场合下提出来是否妥当？在一位仁慈的夫人的讣告之中，插入这些乱七八糟的行刑与犯罪形象，真的合适吗？我没费什么力气，就发现了这不合情理地展示出来的关切其背后隐藏的动机。P先生念完讣告之后，我表扬了其中给我留下了深刻印象之处，但我也同时表示，作者写这则讣告时，他心中感受到的恨多于爱。

第二天，天气虽然寒冷，但非常晴朗。我外出散了一会儿步，最远走到了军事学校那里，希望能在那里找到一些生长茂盛的苔藓。一路上，我思考着前一天那位先生的来访，琢磨着达朗贝尔先生的那篇文字。我相当肯定，那篇前言不搭后语的文章绝非无意为之。平日里他们什么都不想让我知道，但这次如此急切地拿给我看。光从这一点来看，其目的就已经昭然若揭。我把自己的孩子送到了育婴堂，仅凭这一条，他人就足以污蔑我是一个不近人情的父亲。然后他们再借题发挥一下，添油加醋，最终得出一个直截了当的结论：我讨厌小孩。

顺着这一系列的思路，我惊讶地发现，人类狡猾地颠倒黑白的技能真是巧妙。因为我相信，没有人会比我更喜爱看小孩嬉戏喧闹，看他们一起玩耍。我常常驻足于街头或林荫道上，为的就是观看小孩们玩小把戏、做游戏，而似乎还没有别人有着与我相同的这种兴致。就在P先生来看我的同一天，在他到来前一小时，我的房东杜苏索埃最年幼的两个孩子也到过我的房间。两个小孩中，年龄较大的那个大约七岁，他们俩都乐意与我拥抱，而我也疼爱地抚摸他们。尽管年龄悬殊，但他们看起来似乎真心喜欢与我待在一起，而我呢，也因为我的这张老脸没有吓走他们而欣喜若狂。而且那个最年幼的男孩似乎很愿意过来盯着我看，于是，我觉得自己比孩子还要更像孩子，还对这个小孩产生了特别的喜爱之情。他离开之时，我深感遗憾，仿佛他就是我的亲生儿子。

可以理解，人们对我把自己的孩子送进育婴堂这件事的指责很容易升级，只要有人稍微借题发挥一下，人们就会指责我是一位不近人情的父亲、指责我憎恨儿童。然而毫无疑问的是，我当时那样做主要是出于一种担心，我担心如果不那样做，孩子们的命运必定会糟糕上千倍。如果我对他们的遭遇没那么在意，在我当时无力亲自抚养他们的情况下，我可能会迫于形势，把孩子们交给他们的母亲和外祖父母去教育，但他们的母亲肯定会惯坏他们，而外祖父母家人也肯定会把他们培养成残忍之人。伏尔泰剧中的穆罕默德教唆了赛义德，最终酿成了惨剧，但与别人可能会让我的孩子在日后对我所做之事相比，前者大概算不了什么。由于此事，后来我接连遭遇了一个又一个陷阱，这也足以表明，他们早就策划好了阴谋。那时我还远未预料到这些可怕的阴谋，但是我已经明白，我的孩子接受教育最不危险之处就是去育婴堂，所以我把他们送了过去。如果现在我仍然面临这种选择，我还是会那样做，而且不像之前那样忧虑不安。我敢肯定，如果我有机会对自己的天性进行强化，养成习惯，必定是普天之下对子女最为慈爱的父亲。

如果说在了解人心方面我取得了一些进步，那么这得归功于我在看见儿童、观察儿童时所体会到的那份快乐。同样的这份快乐，在自己年轻时，却差不多是阻碍我进步的一种障碍。那时，我热情地与孩子们快乐玩耍，却不曾想过要研究一下他们。随着年岁渐长，我发现自己苍老的容颜会让孩子们感到害怕，所以也就不再去打扰他们，我情愿让自己失去一种乐趣，也不愿惊扰他们的快乐。我从此就只作为旁观者，观看他们玩游戏和其他小把戏，而我也能因此而感到满足。从这样的观察之中，我获得了对发自人类本性的真实、原始冲动的一些了解，也算是对自己作出牺牲的补偿。我了解到的这些情况，我们的科学家们都并不知晓。我所写的作品也能够证明，我在进行这项研究时，真正热爱自己从事的工作，并且全身心地投入了进去。如果说不喜欢儿童的人能创作《朱莉》与《爱弥儿》这两部作品，那绝对是一件最不可思议之事。

我向来都并非镇定自若、巧舌如簧之人，但自从遭遇了不幸之后，我变得越发头脑迟钝、口齿不清。脑海中想不起事情，嘴里也说不出想要的话语。但是与儿童谈话，则特别需要思维清晰、字斟句酌。对我而言更为雪上加霜的是，还有一群关注着我的旁观者存在。因为我写过专门探讨儿童的书，所以他们对我说的只言片语都极为重视，还要进行解读，认为我所说的都是至理名言。这种做法极为别扭，也让我意识到自己并非那么有能力，因而感觉焦虑不安、惊慌失措。如此一来，我与幼儿聊天时，感觉还不如与某位亚洲君王会谈更随意自在。

还有另一种障碍，也使我与儿童保持更远的距离。自从自己遭遇不幸以来，虽然我仍然同以往一样喜欢看到儿童们，却不能够再与他们那么亲近了。儿童不喜欢年迈之人，他们反感自然界衰老的容颜。目睹这种情况，我深感悲痛。因此我选择了不再去抚摸他们，免得引起尴尬，令他们反感自己。这种拒绝只有真正具有爱心之人才能感受得到，而我们那些博学的才男才女是不知道这一点的。乔芙兰夫人喜欢与儿童在一起，可她丝毫不在意孩子们是否喜欢她的陪伴。对我而言这种快乐还不如没有的好。不能让参与者共同体会到的快乐，算不得快乐。我现在的年龄、现在的处境，已经不再能让儿童与我放松自在地相处了。如果偶尔仍然有可能体会到这种快乐，则会因物以稀为贵，而觉得这种快乐更加强烈。那天上午我与杜苏索埃家的小孩亲切聊天时所体会到的快乐，就属于这种情况。那天，陪伴孩子们的女仆没有太让我感到恐惧，我不太需要在她面前蹑手蹑脚，而且孩子们从问候我开始，就一直兴高采烈，没有对我和他们在一起感到厌倦乏味。

唉！如果我还能在某些时刻再次体会到纯粹与由衷的依恋之情，哪怕仅仅是来自幼小的儿童，如果我还能在一些人的眼中感受到与我在一起的欢乐与满足，那么这些真情流露的短暂幸福瞬间也将极大地补偿自己遭遇的无数痛苦与磨难！我将无须再从动物之中，去找寻人类不愿意给予我的亲切目光！我的这种评价来自自己为数不多的几件事例，但它们在我的记忆之中弥足珍贵。下面这件事情就是其中一例。如果发生在其他情况下，恐怕早已被我忘到九霄云外去了，但是它却给我留下了深刻的印象，正好清晰地揭示了我的悲惨处境。

两年前的一天，我先是到新法兰西那个小村庄附近散了一会儿步，然后继续往前走，再左转，穿过克里昂库这个村庄，打算绕着蒙马特转一转。我一路上走得迷迷糊糊，心不在焉，根本没注意身边的事物。忽然，我感觉到有人在拽我的膝盖。我低下头，只见一个五六岁的小孩，正用尽浑身力气抱住我的膝盖，用一种友好又依恋的目光盯着我。这一幕深深地触动了我。我脑海中在想：如果是我自己的孩子，应该也会这样对我吧。我把孩子抱了起来，欣喜若狂地亲吻了他好几次，然后才继续前行。走着走着，我总感觉少了一点什么东西，内心之中有一种越来越强烈的愿望，鼓动我走回去。我责备自己那样贸然把小孩留在那里，同时也感觉到，在这看起来没有明显动机的行为之中，似乎存在着某种我不应忽视的启示。终于，我还是禁不住诱惑折返了回去。我跑回到那个孩子的身边，再次拥抱他，给了他一些钱，去碰巧路过的小贩那里买了一些楠泰尔面包，然后就和他聊起天来。我问孩子他的父亲在哪里，他便用手指向一个正在箍桶的男人。正当我打算离开这个孩子并过去和那位箍桶匠聊几句时，我忽然发现一个鬼鬼祟祟的人。我感觉那人像是一直跟踪我的众多密探之一。那人先我一步，在那位箍桶匠耳边悄悄说了几句，然后我就看到箍桶匠开始盯着我看，那眼神一点儿也不友好。这一幕立刻熄灭了我的热情。我快速离开了那个孩子和他的父亲，比我折返时的速度还要快。

此前那种美好的心境彻底改变，让我变得心慌意乱。

尽管如此，在那儿之后我还是常常回想起那种感觉，还有好几次步行穿过克里昂库这个村庄，希望能再见到那个孩子。不过我再也没有见过他，也没有见过他的父亲。那一次偶遇留给我的，就是一段清晰深刻的记忆，有依恋，也有悲伤，一如那些偶尔触动我心弦的其他思绪。

然而，一切遗憾总会有补偿。如果说我的快乐短暂而稀少，但每每这种快乐来临时，我的感受也更为强烈，更为享受。如果我习惯了它们，也就不会如此了。我会对这些快乐左思右想，在记忆里反复思量。虽然这种快乐不多见，但只要纯洁无瑕，就能让我比自己在春风得意之时更为幸福。穷困潦倒之时，一点点东西就足以使人感到富有。乞丐捡到一枚金币时的快乐，胜过富翁捡到一袋子钱。倘若人们看到我趁着迫害者不注意，内心被这种微不足道的快乐深深打动，人们一定会觉得好笑。

这些最愉快的事情中，还有一件发生于四五年前。每每想起这件事，想起我当时那正确的做法，我都会忍不住高兴得颤抖起来。

那是一个星期天，我和妻子去了马约门就餐。饭后，我们步行穿过了布洛涅森林，一直走到了拉米埃特花园。就在那里，我们在草地上一处阴凉的地方坐了下来，想等着太阳再低一点后再经过帕西慢慢回家。那时，有一位修女模样的女士，也领着一群人来到离我们不远的地方。那群人都是一些小女孩，有二十来个。她们有的坐着，有的则到处嬉戏玩耍。就在她们玩耍之时，走来了一位卖华夫蛋卷的小贩，带着鼓和转盘，四处招揽顾客来他这里碰碰运气。我发现那些小女孩个个都眼巴巴地盯着蛋卷，而其中有两三个女孩，应该是自己带了一些铜币，正在询问她们的那位女家庭教师自己可不可以玩一下。正当她们犹豫与争论之时，我把小贩叫了过来，对他说：“让那些女孩都来碰碰运气吧，我来出钱。”听到我的这番话，这群女孩无比高兴。这种喜悦就算我倾囊而出也完全值得。当然我并没有花那么多钱。

随后，这群女孩争先恐后地一拥而上，场面有一些混乱。见到这种情况，我在征得她们的女家庭教师许可后，让她们排成一列站在一旁，然后再依次走过来摇转盘。虽然不会有人摇不中，每个人都至少能获得一根蛋卷，也因此不会有人希望完全落空，但我还是想让这个过程更欢快一些。于是我悄悄告诉小贩，让他把自己平常的把戏反过来用，尽量在摇奖时出现更多的幸运数字，并且承诺我会最后买单。因为采用了这样一种策略，最终共有大约一百根蛋卷被发了出去，但每位女孩都只摇了一次转盘。在这一点上，我坚持原则，不想因此而滥用权力，也不想作出任何会引起不满的偏袒之举。我的妻子还告诉摇中数量较多的女孩与其他人分享，因此几乎每个人所得都差不多，大家皆大欢喜。

尽管我很担心那位修女老师会鄙视我的邀请，但我还是询问了一下，问她是否愿意也来摇一次。她优雅地接受了邀请，然后像受她照看的那些女孩一样摇了一次，大大方方地拿走了她赢得的蛋卷。我对此非常感激。在我看来，她接受邀请这一举动既迷人又有礼貌，远胜有些人的装腔作势和愁眉苦脸。在整个过程中，也发生了一些争执，有的也让我来评评理，小姑娘们因此一个接一个过来向我陈述他们的请求。这样一来，我也注意到，虽然这些女孩都不算非常漂亮，但其中几个女孩给人带来的好感，足以让人忘记她们外表的不足。

最后，我们愉快地相互告别，各自离去。那个下午，也是我记忆里最愉快的下午之一。这样欢快的活动，并没有花费我多少钱。我总共只花了三十苏的小钱，却给我带来了价值几百法郎的快乐。是的，真正的快乐无法用花费的金钱来衡量，欢乐往往与铜板为伴，而不是与金币做朋友。后来，我常常在同样的时刻回到那个地方，盼望着再次见到那群小姑娘，但从未幸运地如愿以偿。

刚才那件事又让我回想起另一件类似的趣事，只是它在我的记忆之中更为遥远。在我并不幸福的那段时期，我混迹于富豪与文人之中，有时还沦落到与他们一起去体验一些低俗的乐趣。有一次，我在谢弗雷特庄园参加主人的圣名日活动。他们全家人欢聚一堂举行庆典，并且还使用各种华丽喧闹的手段，来营造欢乐的气氛。游戏、演出、宴会、焰火，一样都不少。大家甚至连喘气的工夫都没有。整个效果确实出色，但并无多少趣味。用餐之后，大家便出了门，到大街上去户外散散步。那里正好在举办一场集市活动，而且有人在那里跳舞。一些绅士正屈尊与农家姑娘共舞，但贵妇人们则一直表现得比较冷漠。还有人正在卖着姜饼。同行之中有一位年轻人一时兴起，就买下了一些姜饼，然后一个接一个把它们扔到密密麻麻的人群中。看着那些乡下人跑着、抢着甚至撞倒别人去抢姜饼，大伙儿都兴高采烈，都想加入进去取乐。就这样，一个个的姜饼四处乱飞，姑娘小伙们四处冲撞，人叠着人，甚至还因此而受伤。众人都被这幅场景吸引住了。虽然在内心之中，我并不像他们那样觉得这多么有趣，但是为了避免尴尬，我还是随大溜跟着其他人一起玩。然而没过多久，我实在厌倦了这种掏空钱包让人们人挤人的乐趣，于是我便抛下那群体面人士，独自去集市中逛一逛。林林总总的场景映入了我的眼帘，让我久久沉浸于喜悦之中。我还看见有五六个男孩围在一位小姑娘身边，而那位小姑娘的摊位上，还有十来个干瘪的小苹果没有卖出去，而且她应该会很乐意赶快把它们都卖出去。这些男孩也很想帮助小姑娘卖掉苹果，可惜他们只有不多的几个铜币，不足以买下大部分的苹果。对这群男孩来说，小姑娘的这个摊位就像是赫斯珀里得斯的果园，而小姑娘则是守卫它的那条龙[①]。看到这滑稽的一幕，我乐和了好一阵，最后我决定帮他们解决问题。我买下小姑娘所有的苹果，然后让她与那群小男孩一起分享。接着发生的这一幕，能让人在心底感受到最甜蜜的快乐。弥漫在我周围的，是浓浓的喜悦与年轻人的纯真。目睹这一切，旁观者也能感同身受。我以如此小的代价，就分享到了这种喜悦，并且因为感到是自己促成了这一结果而使快乐加倍。

我将这种快乐与此前逃离的那种娱乐作了一番对比，欣慰地发现了其中的差异。前者展示的是健康的品位与纯真的快乐；而后者则是想要炫耀财富，想通过取笑他人而作乐，这种品位完全建立在鄙视他人之上。眼睁睁看着一群穷苦之人你推我挤、喘不过气、残忍地相互践踏，就只为贪婪地争夺一些姜饼，而且这些姜饼还是被人踩在脚下、沾满泥土的，旁观者从这一幕中体会到的会是怎样的一种乐趣?

---

① 赫斯珀里得斯是古希腊神话中的仙女，共有姐妹三人。天后赫拉将一棵金苹果树种在了赫斯珀里得斯姐妹的果园里并委托她们照料，并派天龙看守金苹果树。英雄赫拉克勒斯来到赫斯珀里得斯果园取金苹果时，被巨龙挡住。

对于自己在这些场合中体会到的乐趣，我进行了深入的思考，然后我发现，这样的乐趣主要不是来自行善，而是看到了那些幸福快乐的脸庞。这些场景虽然也能触动我的心弦，但其魅力之处仍然完全来自我的感官。如果我无法看到自己创造的快乐，纵然它毫无疑问肯定存在，我也会失去一半的乐趣。实际上，这样的快乐与我个人并无利害关系，与我在其中扮演的角色也无关。一直以来，众人在欢庆时那些兴高采烈的脸庞都很容易吸引我，让我深感快乐。然而这种期望在法国却常常落空。在这个自诩非常快乐的国家，很少有娱乐活动展现出快乐。我曾经经常去咖啡馆看穷人们跳舞，可惜他们的舞姿单调乏味，而舞者也面容戚戚，不够自然。这番场景非但不能让我快乐，反而使我心情沮丧。可是在日内瓦，在瑞士，欢乐很少来自恶意的轻浮愚蠢之举，人们在节日时感受到的是快乐而满足的气氛，贫穷不会显得丑陋可憎，华贵之中也不会透露出傲慢无礼。幸福、友爱与和谐向每个人都敞开心扉，素不相识之人真诚、快乐地相互攀谈、拥抱，并相互邀请对方去共享节日的快乐。如果我想要享受这番节日的魅力，也无须亲自加入庆典，只需作为旁观者就足以分享他们的快乐。在所有兴高采烈的脸庞中，我敢肯定，没有谁比我更快乐。

虽说这种乐趣完全源自感官，但肯定包含了道德动机。即使是同样的欢乐场景，如果我得知某些欢乐的表象不过是作恶者满足自己的邪念后流露出来的表情，那么我不但不会感到快乐和愉悦，心中反而会充满痛苦与愤怒。能让自己看到之后感到由衷快乐的，只有那种纯洁的快乐。动机残忍以及愚弄他人而表现出的快乐，纵然与我毫不相干，也会让我感到伤心与悲痛。的确，因为根源与动机不同，所以在不同情况下产生的快乐，其表现也并非完全相同，但是其外表上的这种差异，肯定不如其在对我的情感刺激方面差异那样大。

当看到别人痛苦与悲伤时，我受到的影响更甚。在他人情绪的影响下，我自己也会忍不住情绪激动，有时甚至比表露出这种情绪的本人还要更加情绪激烈。我所感知到的一切，乘着想象力的翅膀，让我与受苦者感同身受，并且我常常比受苦者本人还要悲痛。见到他人露出不满的表情，我也无法忍受，尤其是当我有理由相信这种不满与我本人有关时。曾经，我愚蠢至极，被人殷勤地拽到别人家里做客，而他家中的仆人为我服务时心不甘情不愿，脸色非常难看。这些仆人总是会让我为他们主人的好客而付出昂贵的代价。我的所见所闻总是给我带来强烈的影响，尤其是当他们流露出了快乐、痛苦、依恋或憎恶时。这些来自外在的印象左右着我的情绪。要躲避他们，我只有逃离。陌生人的表情、手势、目光，都足以扰乱我的快乐，也可以减轻我的痛苦。只有独处之时，我才是自己真正的主人。其余时刻，我不过是自己身边事物的玩物。

我曾经也热爱社会生活。在他人眼中，我见到的都是友谊，或者在不认识我的陌生人眼中，最多也就是对我漠不关心。然而如今，那帮人费尽心机玷污我的本来面目，还竭力要让他人认识我，所以现在，每当我走上街头，就立刻会被各种让人沮丧的场景包围。于是我马不停蹄地匆匆离去，奔向乡间田野之中。当绿叶开始映入我的眼帘时，我的呼吸也就立即畅快了。如此，我热爱独处又有何诧异？在世人的脸庞上我只能看出敌意，而大自然却一直对我微笑。

不过我还是要承认，只要别人认不出我，我还是能在与世人一起生活中感受到快乐。然而这种快乐，我很少能够如愿享受。就在几年前，我还仍旧喜爱漫步穿行于村庄之中，上午会看看男人们修理自家的梿枷，还能见到妇人们在农房门前带孩子。此情此景之中，有一些东西触动我的心弦。我有时会不知不觉地停下脚步，看一看他们做这些小活计，然后不知何故，我还会因此而发出叹息。我不知道如果我的那些敌人看到我因这种小小的快乐而感动，会不会因此想要把我的这种乐趣也剥夺掉。不过我注意到了，在我从旁边经过时人们的表情发生了变化，他们看我的眼神也不一样了。很明显已经有人在动手，要让我无法再隐瞒自己的身份。这种情况就曾在荣军院发生过，而且更为明显。荣军院是一个崇高的机构，我一直很感兴趣。每次见到那些善良的老人，我都会致以崇敬的目光，心中也深为触动。他们也可以像斯巴达老人那样吟诵：

从前，我们也曾
年轻、英勇、无畏

我曾经最爱的漫步路线之一，便是绕着军事学校散步。我常常高兴地在那附近见到一些领取养老金的老退伍军人。他们仍旧保持着原来军队的礼节，每当我经过时，都会向我致敬。面对他们的致敬，我在内心中向他们致以百倍的回敬，这也让我无比喜悦，因此也更乐意见到他们。我无法掩饰任何触动自己的事情，所以便常常谈及这些老退伍军人，并表示自己见到他们时非常感动。仅仅因为这些，我没过多久就注意到，对这些老退伍军人而言，我不再是一个陌生人了。或者更准确地说，我已经比陌生人还要糟糕。他们看我时的眼神，已经和其他大众一样了。他们不再对我保持礼节，不再致敬，他们之前对我的礼貌消失了，取而代之的是充满敌意的举止与讨厌我的眼神。出于之前所从事职业的影响，这些老退伍军人为人真诚，不像其他人那样隐藏敌意，也没有轻蔑与奸诈的面具。他们坦诚地对我表露出强烈的厌恶。然而对于处在极度不幸之中的我而言，那些不伪装自己愤怒的人已是我最为尊重与感谢之人。

发生了这番转变之后，我在荣军院附近散步就没那么快乐了。不过我对他们的情感并非由他们对我的看法而定，对于这些曾经的保家卫国者，我一直都从心底表示尊重与喜爱，但我给予他们的公正对待并未得到好的回报，我仍然感到难过。我会偶尔遇上他们中的某一位，因为还没有受到大众的影响，或者还不知道我的长相，所以没有对我表现出反感，还会礼貌地向我致敬。这一位老退伍军人的致敬，就足以弥补其他所有人对我的敌意。我会忘却其他人，只记住这一位老退伍军人，想象他有着与我相同的灵魂，一颗对仇恨绝缘的灵魂。最近体验到这样的快乐，是去年我去往天鹅岛散步时横渡塞纳河的经历。当时有一位比较贫穷的老退伍军人正坐在一艘小船上，等着有人来和他一起渡河。我走上船去，告诉船夫可以开始划船了。当时刚好水流湍急，因而渡河所需的时间也比较长。刚开始因为担心和平常一样受到侮辱和冷落，我并不敢和那位退伍老人攀谈，但见到他举止很有礼貌，我便消除了疑虑和他聊了起来。他表现得很理智，也很亲切。他的坦诚与和蔼可亲让我出乎意外，也非常高兴。我一时对这如此友好的待遇还有些不习惯，但当我发现了他刚从外省来这里不久后，也就不再感到惊讶了。我意识到，还没有人给他说过要怎样对我，也没有告诉过他我容貌长得如何。趁着他还不知道我的身份，我和他攀谈了一阵，并从中体会到了快乐。这番经历使我意识到，哪怕是最为平凡的乐趣，如果变得少有，也会同样变得物以稀为贵。下船后，他正打算从自己很少的钱中掏出两枚铜币来付船费，但我把所有船费都一起付了，并请他收回他自己的钱，因为担心冒犯他，我的声音还有点颤抖。结果他并没有生气，还对我的慷慨表示感谢。因为他比我年长，我后来还扶他下船，这更让他感激不已。有谁会相信，我因此而像孩子一样喜极而泣？我当时很想给他手里再塞一枚铜币，那样他便可以去买一点儿烟，但是我没有那份勇气。这种胆怯的心理束缚着我的手脚，我常常因此而不敢去做一些能让自己感到愉悦的善事，之后又因此而常常责备自己软弱无能。与那位老退伍军人作别后，我也迅速地进行了自我安慰。我想的是，如果将善行与金钱挂钩，这样的善行就不再那么崇高、不再那么公正无私了，也就会违反自己的原则。他人有困难时，我们的确应该迅速伸出援手，然而在人们的日常交往之中，我们仍然应该追随自发的善良与和气，不要让如此纯洁无瑕的源头，为唯利是图与贪婪的动机所沾染与玷污。据说，在荷兰，如果普通人有人告诉你时间，或者给你指路，你都需要为此而付费。如果有哪个民族真的以这种方式买卖最简单的仁义之举，那这个民族的确非常卑劣。

我注意到，只有在欧洲，人们才会对殷勤待客进行收费，而在整个亚洲，人们可以免费借宿。我也知道，那里的条件往往没有我们习惯的那样舒适。但是我们却可以这样告诉自己："我是人，我受到了朋友们对我客人般的款待。我要感谢纯洁的人性，是它为我提供了生存的条件。”当人的心灵得到比躯体更多的关照时，小小的苦难便很容易忍受了。

漫步遐思十

今天是圣枝主日[①]，也正好是我与华伦夫人相识的第五十年。她与世纪同龄，初识时她刚好二十八岁，而我那时还不满十七岁，也全然不知随着成年的到来，自己天生就炽热的心灵将产生新的燃烧的激情。如果说她对待一位活泼、英俊但又文雅、谦逊的年轻小伙子态度友好，并不让人感到奇怪，那么更不会让人感到意外的就是，一位魅力十足、智慧又优雅的女士不但让我心生感激，还让我萌生了种种难分难解的柔情。然而有一点却极为罕见：这初次的心动，决定了我的一生，支配我余生的命运也就此而定，并且再也无法改变。尽管那时我的身体已经发育得差不多，但心灵中各种最宝贵的能力并未随之发育成熟，思想也尚未固定成形，仍在略微焦急地等待成形的那一刻。与华伦夫人的初次相遇，虽然加速了这一时刻的来临，但仍然尚待时日。我之前所受的教育简单而淳朴，我在与她相识后较长的一段时间，同时怀着爱情与纯洁之心，生活在那愉悦而短暂的状态之中。后来她将我送走，但一切的一切又都呼唤着我回到她身边，必须回去。这一次返回决定了我的命运。在最终拥有她之前，我早就只为她而活，我的整个生命都属于她。啊！但愿她也从我这里获得了内心的满足，一如我从她那里获得满足一样！如此，我们共度的时光会是多

① 复活节前的星期日。

么宁静与欢乐！我们的确曾拥有这样的日子，但都极为短暂，转瞬即逝。可是，随之而来的境遇又是多么让人绝望！我没有哪一天不曾怀着喜悦与深情回想起我生命之中那唯一一段短暂的特殊时光，那时的我才是真正的我、纯粹的我，心无杂念，无拘无束，可以问心无愧地表示，自己也曾真正地生活过。有一位古罗马行政长官被皇帝维斯帕先罢免后，在乡间度过了余生。他说过这样一句话："我在这世间度过了七十年，然而真正的时光只有七年。"我也可以这样说。如果没有那样一段短暂却又宝贵的经历，也许我到现在都还没有完全了解自己的本性。在我的余生中，我既软弱又不反抗，任由他人的情绪左右、纷扰与折磨自己。我的生活充满风雨坎坷，几乎完全处于被动状态。那些残酷又无法避免的遭遇永无休止地折磨着我。如果没有那段经历，我肯定将难以确定，自己人生中所做的种种事情，哪些才是自己真正需要的。就在那几年之中，一位温柔又宽容的女人那样爱着我，我做着自己想要做的事，以自己想要的方式做人。我还利用自己的闲暇时光，在她的教导与榜样作用之下，成功地使自己仍然纯朴与天真的心灵发展成了最适合它的样子，并自此始终不渝。也是在那时，我开始对独处与沉思产生了兴趣，性情也变得坦诚与柔和，这一切都为自己的心灵提供了养分。喧嚣与混乱会压抑和扼杀自己的情感，而平和与宁静则会使其苏醒并变得更强烈。只有在宁静的状态下，我才有能力去爱，因此我说服了妈妈搬到乡村去居住。修建于一道山坡上的一座孤寂的房屋，就这样成了我们当时的庇护之所。虽然我只在那里度过了四五年的时光，但感觉却像是享受到了一个世纪的纯洁与无比幸福的生活。这段美好的记忆让我在面对自己现在的命运时，能够战胜一切骇人的遭遇。我当时正需要一位懂我心的女性朋友，而我也得到了这样一位朋友。我之前一直渴望的乡村生活，那时也如愿以偿了。我无法忍受别人的束缚，而当时的我也完全无拘无束，甚至比无拘无束还更完美，因为我只追随内心的情感，所做的一切都出于自己的愿望。我那时的生活，无时无刻不是充满着深情的关爱与乡村气息。我别无所求，只希望那种甜美的状态永不结束。唯一引起我悲伤的，正是担心这种状态无法持久。我们当时的经济状况并不稳定，这样的担心也并非没有道理。

从那时起，我就尝试分散自己的注意力，以消除这种焦虑，并且试图想一些办法来避免我所担心之事变成现实。我后来认定，要让自己避免贫困，最稳妥的办法就是多积累一些才能。因此我决定利用自己的闲暇时间来提高自己，这样一来如果将来有一天有需要，我就能够对这位最优秀的女人曾经给予我的帮助作出回报了。